Diego Suárez Corvín, de Urbiés

Beatriz Alonso Acero y Miguel Ángel de Bunes

Diego Suárez Corvín, de Urbiés

Un soldado asturiano en el Mediterráneo
de Felipe II y Felipe III

La memoria de Suárez Corvín

Hai persones que, a pesar de que contribuyeron de forma notable a tramar l'andamiaxe de la historia y que tuvieron vides absolutamente estraordinaries na so dómina, tovía son demasiao desconocíes. Diego Suárez Corvín ye unu d'esos nomes. Un asturianu d'Urbiés (Mieres) que vivió una vida aventurera dende les riberes del Caudal hasta les muries d'Orán, pasando les cortes de Castiella y les tierres ermes de la Berbería. Un escritor singular y insólitu que yera imprescindible rescatar del olvidu, non solo pa ponelu en valor, sinón tamién pa convidar a quien tenga interés al so estudiu y a la recuperación de la so obra.

Nesti llibru que –afortunadamente pa nós– ve agora la lluz, *Diego Suárez Corvín, de Urbiés. Un soldado asturiano en el Mediterráneo de Felipe II y Felipe III*, atopamos una investigación cuidadosa, un trabayu fechu con procuru, que fai xusticia a la figura d'un home del que les sos esperiencies nun falen solo del so tiempu, sinón tamién de la vida d'aquelles persones que llucharon naquella España convulsa del Sieglu d'Oru.

En cada páxina hai un convite a adientrar nun mundu onde la historia y la lliteratura se crucien y se confunden. Esti trabayu ponnos delantre los nuestros güeyos una figura poliédrica. Diego Suárez Corvín nun foi solo un soldáu, nin solo un criáu, nin solo un escritor autodidacta; foi tamién una voz única, que rescampla na escuridá de los archivos históricos. Les sos pallabres rescátennos una forma de ver el mundu que nos devuelven una mirada distintiva sobre'l Mediterraneu español nel tiempu de Felipe II y Felipe III.

Nun ye solo l'aventura de vivir una vida dedicada a trillar caminos inestables, sirviendo a amos distantes o combatiendo en tierres extranxeres; ye tamién la capacidá de tresformar la so esperiencia en pallabra. Nun siendo un escritor d'oficiu, les sos obres dannos cuenta d'una auténtica pasión pola narración, pola necesidá de dexar testimoniu. Estes páxines permiten redescubrir a Diego como un testigu vital, como un cronista que, amás, quixo esperimentar cola so llingua materna en dalgunos de los sos escritos.

Esti llibru ye una auténtica guía pel contestu políticu y cultural que dibuxa'l fondu de la historia d'Europa y del Mediterraneu naquel tiempu de conquistes y colonización. El talentu pa reconstruyir y rellatar de manera vívida la so vida y obra fai d'esti trabayu una contribución única y valiosa pa la cultura asturiana.

Valgan estes pallabres pa espresar agradecimientu y felicitación a Beatriz Alonso Acero y Miguel Ángel de Bunes, autores de la obra, por aportar más lluz sobre la figura de Diego Suárez Corvín. Y pa convidar a les persones que s'acerquen a estes páxines a que se dexen llevar y disfruten del alcuentru con esti asturianu que, mentes se criaba pelos magníficos montes d'Urbiés, suañó la vida aventurera que, con una voluntá de fierro, s'atrevería depués a llevar a cabu. Güei, honrando col recuerdu y la reivindicación la memoria de los que nos precedieron, Suárez Corvín vuelve a la vida con una voz que resona con fuercia nel tiempu.

VANESSA GUTIÉRREZ
Conseyera de Cultura Política Llingüística
y Deporte del Gobiernu d'Asturies

Presentación

Diego Suárez Corvín es un ilustre vecino del que nos sentimos orgullosos y que ocupa un lugar propio en la historia de este concejo. Con toda modestia podemos afirmar que es una de las figuras relevantes en la literatura asturiana aunque, por desgracia, no goce del reconocimiento y la notoriedad merecidos.

Tiene entre sus manos el resultado del trabajo de investigación de dos expertos en Historia Moderna: Beatriz Alonso Acero y Miguel Ángel de Bunes, profesores del Instituto de Historia del CSIC, la joya de la corona de la investigación en España.

Ellos han dedicado una parte de su labor investigadora a nuestro ilustre vecino, cuyo trabajo ha permitido, entre otras cuestiones, ensanchar las fronteras del conocimiento y profundizar en lo sucedido en el norte de África a finales del siglo XVI, en plena guerra entre la Corona española y el Imperio otomano.

Gracias a este libro podemos conocer más y mejor una parte de la obra de Suárez Corvín, que siempre se sintió orgulloso de sus orígenes en el Valle de Turón, de su infancia y juventud en Urbiés.

Quiso ser soldado para participar en el frente en Italia pero acabó en Orán, donde estuvo casi treinta años. Era uno de los puntos más importantes de la frontera sur y zona de permanente conflicto. Vivió en primera persona la tragedia que supone la guerra y las consecuencias del pulso de los dos imperios entre la gente corriente y las familias humildes.

Llevó a cabo tareas de mantenimiento y construcción de las infraestructuras militares de defensa, fue soldado de infantería y luego escribano, así que su obra es también resultado y la evolución de un pulso entre la crónica y la literatura.

Gracias a él tenemos una obra que busca el rigor y la objetividad para mostrar los acontecimientos históricos y las condiciones de vida en Orán. Suplió su falta de formación con esfuerzo, constancia y horas de lectura porque como él mismo afirmaba era «un montañés asturiano sin letras de academia». Trabajó para ofrecer una obra que aspiraba a ser completa y rigurosa. Buscó la publicación de sus trabajos, pero no lo vería en vida porque hubo que esperar a finales del siglo XIX para ver publicada su principal obra.

Una parte de sus manuscritos están dispersos por varias bibliotecas y son una referencia obligada para quienes se aproximan a esta parte de nuestra historia en pleno Siglo de Oro. Otros, por desgracia, se han perdido.

Reivindicar la figura y la importancia histórica de una persona que pudo haber sido uno de los pioneros en el uso del *asturianu* es una obligación para este Ayuntamiento, por eso queremos agradecer y apoyar la publicación de este libro, así como el trabajo de cuantas personas han logrado aportar luz sobre la figura de Diego Suárez Corvín.

MANUEL ÁNGEL ÁLVAREZ
Alcalde de Mieres

Una vida contada en varias partes

Habiendo yo nacido, como nací, de padres nobles en el medio del Principado de Asturias de Oviedo, en el paso de camino de aquella ciudad para la de León, en el concejo que dicen de Lena, valle de Turón, lugar llamado Urbiés...

Esta es una de las muchas veces que Diego Suárez narra sus orígenes a lo largo de los varios escritos que conservamos de su puño y letra. En todas ellas tiene buen cuidado de asociar su persona con la tierra que en la que nace y vive su infancia y mocedad, lo que muestra el orgullo que siente de su origen y procedencia. Para quien a lo largo de su vida llevó siempre consigo, por tierras de España, norte de África e Italia, todos o parte de los textos que escribió, como otros soldados-escritores de los siglos de la Edad Moderna, revisando, puliendo y completando constantemente las páginas que iba redactando de manera concienzuda y disciplinada, la asociación de su persona con Asturias, con Oviedo y con Urbiés, «Horvies» como escribe en varios de sus manuscritos, aparece como primer rasgo por el que desea ser identificado, como demuestra que buena parte de estos escritos empiecen precisamente así, con la referencia concisa a sus orígenes, y acaben exactamente de la misma manera, con una firma en la que su nombre y apellidos se completan con la indicación de su procedencia geográfica: «Diego Suarez Corvin natural de Asturias», «Diego Suarez Corvin de Asturias de Oviedo».

La biografía que intentaremos fijar en las páginas que siguen procede,

Firma de Diego Suárez Corvín

mayoritariamente, de los diferentes relatos personales que Suárez inserta en las varias obras que redacta a lo largo de toda su existencia y que conservamos en la actualidad, definidos por los filólogos como paratextos, y que en su caso concreto mezclan su condición de soldado con la de cronista y escritor. En estas obras, lo habitual es que empiece por establecer su origen, refiriendo así que conoció este mundo en el

> …lugar más cimero del valle del Turón, que nombran Urbiés, feligresía de San Martín de aquel valle y Santa María de Urbiés. Donde nací en día domingo por la mañana, al salir el sol, primero día de mayo del año 1552, en cuyas montañas me crié y deprendí a leer y escribir…

Los veintidós años en los que reside entre las montañas que ahora se inscriben en el concejo de Mieres, y antiguamente en el de Lena, desde su nacimiento el 1 de mayo de 1552 hasta su salida de ellas el 23 de mayo de 1574, marcaron completamente su visión de mundo y le fijaron un elemento de pertenencia a tierras asturianas del que no se desprendió en su azarosa e interesante existencia. En los diversos textos en los que refiere su pasado y explica los orígenes de su persona, así como cuando firma memoriales y peticiones a los diferentes órganos de la monarquía de los Habsburgo, la palabra «Asturias», incluso remarcada con la doble adscripción de «Asturias de Oviedo», aparece debajo de su nombre, recordando la tierra de la que procede su linaje y en la aprendió a soñar e imaginar historias, además de a leer y escribir. De una forma lógica pero también muy indicativa y reseñable, tanto en las líneas de sus textos en los que centra su procedencia geográfica como en sus firmas, mantiene una prelación geográfica que va desde lo más amplio, el Principado de Asturias, hasta lo más concreto, el «lugar», Urbiés, pasando por la provincia, Oviedo, y el concejo, entonces el de Lena, en el valle de Turón. En su recuerdo agradecido a las tierras de las que procedía, Suárez llegó a cambiar en algún momento su apellido materno, Corvín, por el de Montañés, rememorando la principal característica orográfica del enclave en el que vio la luz, localizado en lo más alto del valle de Turón, para que nuevamente se le identifique con la cordillera cantábrica.

Aunque al hacer el relato de su vida nos tenemos que detener en sus viajes por España, su servicio en Berbería y en el sur de Italia, tanto en

Sicilia como en Nápoles, y sus últimos años de existencia en el reino de Valencia, lo que siempre remarca Suárez en sus textos, como una retahíla perenne, es la impronta indeleble de sus orígenes, a los que no renuncia en ninguna circunstancia. Incluso llega a sentirse un ingrato cuando, echando la vista atrás en sus años de madurez, piensa que ha dedicado demasiado tiempo a escribir sobre su servicio a las armas en escenarios de la monarquía hispánica alejados de su terruño, de lo que para él es verdaderamente su patria, su eje gravitatorio, su más íntima pertenencia, a la que espera dedicarle algunas páginas en un tiempo no lejano:

> Perdona, patria mía, Principado,
> a este ingrato hijo de tu suelo,
> porque nada escribe de tu celo
> siendo a otra provincia aficionado.
> Porque tú me enviaste a ser soldado
> escribo de milicia en su nivel,
> porque así me viene más a pelo
> por haberme en ella despertado.
> Mas espera un poco, que no huyo,
> que si vida y tiempo no me falta,
> yo escribiré, patria, tus grandezas.
> Y lo demás que escribo todo es tuyo,
> pues de tu sangre soy, antigua y alta,
> tú que a Castilla diste las noblezas.

Resulta conmovedor que muchos años después de haber salido de Asturias, de Oviedo, de Urbiés, siga recordando las conversaciones que escuchaba a sus mayores, a los antiguos soldados, a los viajeros y a los pastores que pasaban los puertos moviendo ganados en busca de los mejores pastos para el estío, en las que se referían al pasado de los habitantes de las montañas que desde ellas fueron desalojando a los invasores musulmanes de la península. Estos recuerdos de narraciones contadas a la luz de la lumbre cuando se *calecían* en las largas noches montañesas le acompañaron a lo largo de toda su existencia, como se demuestra al seguirlos rememorando hasta el final de su vida. Ello explica que en el prólogo al libro que intentó publicar, y del que hablaremos a continuación, desde que vuelve de su larga estancia en el doble presidio de Orán-Mazalquivir, asentado en el litoral de la actual Argelia, refiera que:

> Habiendo yo nacido en el medio del Principado de Asturias de Oviedo, [...] Donde siendo desde mi niñez aficionado a la milicia y ejercicio de las armas contra moros y turcos por la tradición que oía de mis pasados que sirvieron, y muchos de ellos murieron, en la restauración de España, acompañando a los antiguos reyes de León y Castilla...

Sin querer, o quizá haciéndolo de manera consciente, está emulando la tradición política y cultural de los reyes portugueses que se embarcan en una complicada expedición para capturar la ciudad de Ceuta en 1415, como luego también harán con las de Arcila y Tánger, para poder nombrar a sus vástagos y descendientes caballeros por adquirir tal condición combatiendo contra sarracenos. Para componer sus diferentes escritos, lee los impresos que narran las empresas de expansión de portugueses y castellanos en el norte de África, como es buena muestra su obsesión por datar certeramente la fecha de cada suceso recurriendo a relatos de otros autores, interés que también afecta a su propia vida. Después de muchos años pensando y reescribiendo la historia de Berbería, interioriza muchos de los acontecimientos de la política mediterránea del siglo XVI, sintiéndose uno de los protagonistas que están forjando su presente, lo que a la postre es un hecho evidente. Desde esta premisa, Suárez nos está contando que su vida y existencia es tan honrosa e importante como la de sus antepasados que restauraron la monarquía cristiana en la antigua Hispania, originarios como él de las tierras asturianas, con independencia de los azares que le depara el destino, como muestra la manera en la que titula una de sus autobiografías: «Discurso verdadero de la naturaleza, peregrinación, vida y partes del autor de la presente Historia».

Su persona, como su propia obra, está tocada por el destino que le marcan su origen y su oficio, como nos vuelve a repetir en la dedicatoria de su escrito a la ciudad de Valencia, donde se halla pretendiendo que se le publique una parte de la obra que lleva dos décadas redactando. En esta dedicatoria quiere dejar claro que no es favor especial el que se le haría si finalmente esta se publica en la dicha Valencia porque, según nos vuelve a recordar: «Yo soy nacido y antiguamente natural del Principado de Asturias de Oviedo, planta y origen del reino de León, cuasi del territorio más apartado en España del reino de Valencia».

Como se ha referido, Diego Suárez Corvín, o Montañés, hijo de «padres nobles», nace el 1 de mayo de 1552 en la casa familiar de Urbiés, en la que permanecerá poco más de dos décadas sirviendo a sus padres en las diferentes tareas que le encomiendan, siendo la principal, como él mismo reconoce, «criar y regalar ganados». El 23 de mayo de 1574, «teniendo veinte y dos años y veinte y dos días de edad», decide abandonar la seguridad de su hogar, lo que hace «a hurto». Como él mismo anota, no lo abandona por ningún tipo de necesidad personal ni familiar, sino por sus problemas con uno de sus hermanos mayores, Pedro Suárez, quien le «quería mal», y le ponía en graves aprietos y dificultades. Esta inexistencia de necesidad se corrobora con el dato de que, cuando termina su servicio en Orán-Mazalquivir, regresa a su solar de origen, treinta años después de haber salido de él, y ya en los primeros años del siglo xvii, para ver a sus parientes aún vivos y liquidar la herencia que le legaron sus progenitores, lo que muestra que no parte de Asturias acuciado por las carencias ni por la falta de recursos económicos. Pero también sale de Urbiés, según afirma, «por ver mundo», algo que, transcurrido el tiempo, bien puede afirmarse que consiguió, pues en las siguientes cinco décadas de su existencia recorrió tierras y costas peninsulares, norteafricanas e italianas.

Inicia entonces un largo y tortuoso periplo por media España que le ocupará los siguientes tres años, hasta abril de 1577, cuando desembarca en el puerto de Mazalquivir, al otro lado del estrecho de Gibraltar. Al bajar de las montañas asturianas, se dirige sin escalas a Valladolid, donde se topa con unos caballeros que se encaminan a realizar su servicio de armas en el reino de Navarra, convirtiéndose en su criado. Al recorrer el camino de Santiago en dirección inversa, pasa por Burgos, donde anota que asiste a una representación callejera sobre la llegada a España de don Felipe, marido de Juana I de Castilla. Después, atraviesa los montes de Oca por San Juan de Ortega, Villafranca de Montes de Oca, siguiendo por Belorado, Nájera y Logroño hasta Santo Domingo de la Calzada, en el interior de cuya catedral contempla el gallo y la gallina blancos, como en la actualidad, en recuerdo de uno de los milagros del santo que da nombre a la localidad. Entra después en el reino de Navarra, pasando por Caparroso, Olite y Tafalla, localidades donde se aloja la compañía de soldados en la que se ha integrado como lacayo de los caballeros antedichos. Refiere que abandona a estos primeros señores a los que sirve al no gustarle los sitios en los que se alojan, atravesando nuevamente el Ebro para volver a Castilla por Rincón de Soto. Desde esta localidad riojana recorre la ruta del río Cidacos para subir la sierra de Cameros y pasar a Soria por San Pedro de Yanguas y Almazán. Una persona que se está buscando el sustento, y a la que no le importa entrar al servicio de otras, se encamina donde es más sencillo encontrar este tipo de trabajo, acercándose a las localidades donde se asienta la Corte, por lo que se desplaza a Alcalá de Henares y Madrid, recalando en San Lorenzo de El Escorial cuando Felipe II está construyendo «a toda furia» un monasterio para asentar el panteón de la dinastía, además de su biblioteca. En este lugar entra a trabajar para el hornero mayor del rey, comenzando a laborar en este oficio con otros muchachos de su edad, donde es bien considerado, pagado y alimentado. En este menester se halla bien «acomodado», pero debe abandonarlo al tener noticia de que su familia está realizando pesquisas en Valladolid y Medina del Campo para encontrarlo, temiendo ser descubierto en la localidad serrana madrileña por la cantidad de personas que llegaban atraídas por las obras escurialenses.

Al igual que hacen otros personajes descritos por la literatura de los siglos XVI y XVII, toma el camino hacia Andalucía, región que se considera abundante en recursos y oportunidades, para alejarse de las posibles ciudades donde su familia le puede encontrar. Trazando un recorrido no demasiado lógico, pero seguramente el que la realidad cotidiana le impuso, se encamina hacia Toledo, pasando por Olías, donde se detiene forzosamente atendiendo los palomares de un eclesiástico de la localidad, pero pronto lo abandona y sale de allí, sin detenerse en Toledo, ciudad relevante en la época, para no ser detectado por sus familiares y deudos. Atraviesa Despeñaperros y recala en Baeza, donde llega el 6 de agosto de 1574. Nuevamente tiene que huir del servicio de un labrador hidalgo, llamado Alonso Sánchez, que era mayordomo de la ciudad, al conocer a un hombre de origen asturiano que habita en una de las pedanías de Baeza, y temer que este comunique a sus padres su paradero y vengan a buscarlo. El miedo a ser delatado por su paisano le lleva nuevamente a recorrer los caminos, emulando a don Quijote de la Mancha, libro que conoció y leyó, como otras obras de caballería de la época, a las que tildaba de «mentiras y patrañas más que impertinentes leyendas». Después de despedirse de su señor, persona a la que guarda estima, se traslada a tierras sevillanas, en concreto a Utrera, donde cae enfermo de calenturas, y es atendido en el hospital del Corpus Christi, recién fundado en 1567, por la orden hospitalaria de San Juan de Dios. Logra superar su proceso febril y se encamina convaleciente a Marchena, donde se pone al servicio de un hidalgo como pastor de ganado mayor, a semejanza de los trabajos que realizaba en el valle de Turón, residiendo en un cortijo asentado en las cercanías del camino de Sevilla.

Como le había sucedido con su hermano mayor en Urbiés, Suárez tiene ahora también problemas con uno de sus compañeros de trabajo, por lo que después de estar casi medio año cuidando al ganado, y en contra de la opinión de sus patrones y encargados por su buen hacer en estos menesteres, cobra su salario y se encamina a la ciudad de Arcos de la Frontera. En esta localidad encuentra trabajo en las tierras de un rico agricultor, cuidando los olivares que tiene en varias pedanías cercanas. Para recordarnos su condición de buen cristiano, refiere que en Arcos recibe el sacramento de la confirmación, siendo su padrino un clérigo que también ejerce como organista de la iglesia del lugar. En este trabajo entre pies de olivo se mantiene hasta después de abril de 1576, mes en el que salva la vida el día de viernes santo al derrumbarse la cerca de la huerta del convento de San Francisco de dicha localidad y resultar ileso. Esta salvación la atribuye a la intercesión divina, al cambiarse de emplazamiento para descansar, yendo a recostarse en un olivo cercano, por las molestias que le daba una lagartija que deambulaba por el muro y que le impedía conciliar el sueño en el primer emplazamiento, motivo por el cual, a estos reptiles, el resto de su vida Suárez los «quiso bien». Pronto se despide también de este dueño y pasa a Ronda a trabajar para otro labrador rico, en mayo, por la misma soldada que recibía en el oficio anterior, quince reales al mes. En esta ocasión debe cambiar de trabajo al fallecer su empleador, no poniéndose de acuerdo con sus herederos para seguir en su labor. Vuelve a caer enfermo, esta vez de tercianas, debido a las bajas temperaturas de las sierras rondeñas, siendo atendido en un hospital de la ciudad, pero recae de su mal poco después y los mismos galenos le recomiendan instalarse en tierras más cálidas. La propia institución hospitalaria le traslada en una cabalgadura hasta Olvera, desde donde se encamina a Osuna y Antequera, en la que es contratado para ser pastor de ovejas en Vélez-Málaga por diecisiete reales al mes. En esta ocasión deja el oficio al conocer que una nave otomana en corso ha desembarcado en las cercanías, en el Rincón de la Victoria, a la altura de Bezmiliana, capturando a un buen número de cristianos. El miedo a ser apresado en otra acción de corso similar por trabajar como pastor en la línea de costa le lleva a despedirse de su patrón para pasar a residir a lugares más seguros que las riberas del Mediterráneo. Pero su amo, enfadado porque el asno que le había mandado cuidar había sido devorado por los lobos, no le paga lo estipulado, por lo que no ve remunerados los días que pasa de pastor de merinas. El destino le depara una nueva paradoja, ya que huirá de la costa malagueña para alejarse de la posibilidad de ser apresado como cautivo para pasar pocas semanas después a alistarse como soldado para vivir en la tensión permanente en las tierras de Berbería que defienden las murallas de Orán y Mazalquivir, aunque, al engancharse como soldado, no supiera que iba a acabar dando allí con sus huesos.

Suárez refiere que en todos los lugares en los que iba trabajando fue complacido y apreciado por sus buenos oficios, y sus amos intentaron que no abandonase su labor por el buen cumplimiento de sus tareas y el celo que demostraba en ellas, como indica que le ocurrió en Baeza, Marchena y Arcos, recibiendo ofertas de duplicarle el jornal si se mantenía en sus cometidos. Es evidente cómo Suárez emplea su biografía para ponderarse por sus cualidades morales y su amor al trabajo, moneda corriente en todos sus escritos sobre su persona. Lleva casi dos años y medio dando vueltas por la España de Felipe II y ya se siente cansado «de ver tierras y servir varios amos», además de que ha logrado reunir un pequeño capital, por lo que ahora ya desea regresar a Asturias, al calor de su tierra, sus padres y deudos. Por ello, decide acercarse a Córdoba para tener noticias de sus familiares, para lo cual se pone en contacto con los asturianos que se desplazaban desde el principado para trabajar en los viñedos de las sierras cordobesas en otoño, en la época de la vendimia. Después de varios años de duro trabajo ha logrado ahorrar treinta ducados en oro con los que piensa, primero, vestirse en Castilla la Vieja y luego volver a su casa, «amenazando a quien me había hecho desterrar», es decir, enfrentándose a su hermano mayor. Pasa la Navidad de 1576 en la dicha Córdoba, para, después de atravesar en otra dirección la Sierra Morena, entrar nuevamente en la Meseta como primera escala para regresar a su tierra.

Pero al llegar a Castilla, y cuando se encuentra en Ciudad Real, a finales de enero de 1577, es tentado con vanas promesas de honra y honor por un capitán reclutador que busca enganchar en la milicia jóvenes «con bando y voz para Italia». El ofrecimiento de ir a servir al rey a la Italia española, esas fértiles tierras con imponentes ciudades donde se abren augurios de mejora para quienes empuñan las armas en los ejércitos del Rey Prudente, le hace olvidarse de su deseo de reencontrarse con sus familiares en Asturias. Firma el boletín de reclutamiento y pasa a residir las semanas siguientes en diferentes localidades manchegas hasta que los alistados se trasladan a Cartagena para ser embarcados en las galeras castellanas allí fondeadas. El 5 de abril de 1577, otro viernes santo que marca su vida, parte la escuadra de cinco buques planos de España. Los reclutas esperan divisar Castilnuovo de Nápoles, Palermo, Mesina en Sicilia, o Civitavecchia en las proximidades de Roma, pero las cinco compañías, unos ochocientos hombres, se desilusionan cuando las galeras no toman el rumbo anhelado, sino que «enderezaron la vía de Orán», territorio perteneciente a la Monarquía tras su conquista por el cardenal Cisneros y Pedro Navarro en 1509, y los soldados empezaron a otear a lo lejos el horizonte sin vegetación de la silueta de los montes que vigilan las tierras norteafricanas a las que en realidad se dirigen. Después de una corta travesía, dos días después, el 7 de abril, domingo de Pascua, desembarcan en Mazalquivir, conquistado para Castilla en 1505, y puerto de Orán, a escasas leguas de esta ciudad, por lo que ambas plazas funcionaron como doble presidio a nivel castrense y administrativo mientras permanecieron en poder de la Monarquía, hasta 1708.

Era este un destino no deseado ni querido por ningún joven, con independencia de lo que narra Diego Suárez relativo a la sangre astur que corre por sus venas, curtida en el recuerdo de las batallas «contra moros», ya que ser soldado en estos enclaves supone pasar una vida de penurias y precariedad enclaustrado entre las murallas que deben recomponer y vigilar. El deseo de los Reyes Católicos, de Cisneros y de Carlos V de crear un territorio de control hispano al otro lado del Mediterráneo ha quedado reducido a la creación de una frontera de ciudades costeras amuralladas, aisladas en medio de territorio hostil controlado por musulmanes que desde la segunda década del siglo XVI tendrán además el apoyo de la Sublime Puerta otomana, que recuerda la que existía en el Duero o en Jaén en la época medieval, o a la que permaneció activa varios decenios con el reino nazarí de Granada. Un *limes* estático, monótono pero muy peligroso, que supone que sus soldados vivan siempre en continua alarma y peligro, donde salir a recoger leña o para comprobar si no hay enemigos en varias leguas a la redonda son actividades peligrosas y arriesgadas por la continua vigilancia de los adversarios musulmanes que se hallan al otro lado de estas murallas. Las directrices norteafricanas de Felipe II son la mejor demostración de una política claramente defensiva en el Mediterráneo, algo que ya impuso su predecesor, Carlos V, sobre todo después de la pérdida de la ciudad de Túnez en 1574, a pesar de las grandes victorias logradas ante los otomanos en Malta en 1565 y en Lepanto en 1571, que transforman a la frontera de Berbería en una línea estable a la que nadie quiere ir por su incomodidad y peligrosidad, además del aislamiento y la falta de licencias para volver a sus solares de origen. Pero estas plazas eran «fuerte rodela y baluarte contra el común enemigo», la antemuralla en el Mediterráneo occidental frente al islam, y piezas fundamentales en el dispositivo defensivo mediterráneo de la Monarquía, cuyo control impedía su empleo como base corsaria por parte de argelinos y otomanos, aparte de constituirse como eje fundamental para la recogida de avisos sobre el Turco y los propios bajás de Argel. Por ello era prioritaria su conservación, y por ello se seguían mandando cientos de hombres para cumplir un servicio con las armas al rey en aquel destino desdeñado.

Servir en Orán es estar aislado en una tierra hostil, de la que únicamente se puede salir con el permiso de las autoridades cristianas para embarcarse hacia la Península, o bien huir a tierras islámicas para entregarse a los musulmanes y convertirse en cautivo, precisamente de aquello que huyó Suárez cuando era pastor en Vélez Málaga. Aun así, tendrá buen cuidado de *disfrazar* de osadía y arrojo sus largos años en el norte de África, a donde ni mucho menos tenía pensado ir a servir con las armas, como demuestra que el banderín de enganche que cambió su vida para siempre estuviera en una Ciudad Real a la que había llegado camino de su asturiana patria, donde pretendía regresar ya hastiado de sus viajes por España. Buscando un origen de sus aventuras magrebíes en su propio pasado personal, se esforzará en hacer memoria de aquellas narraciones de las historias, victoriosas o fracasadas, de los españoles en África, como la de Túnez en 1535 o Argel en 1541, cuyo relato bien pudieron impresionar al pequeño Diego en su niñez:

> Lo mismo oímos aún más cumplidamente la forma y suceso de esta jornada sobre Argel a un clérigo ya muy anciano, deudo de nuestra madre, que nombraban Diego Soldado porque lo había sido más de treinta años del ejército imperial, hallá[n]dose con el emperador en Hungría, Alemania, Flandes y en Berbería. En que especialmente contaba de noche en casa de nuestros padres de esta jornada de Argel y antes la de Túnez, lo cual todo escribíamos en la memoria. Y sabe Dios si estas fueron causas de nacernos alas voluntarias para pasar a Orán a buscar los moros, no apeteciendo la guerra contra otras naciones ni militares escuelas de la Europa, do pudiéramos ir si quisiéramos.

«Soldado viejo de cincuenta años de continua milicia en Berbería e Italia»

El reclutamiento de Diego Suárez es una perfecta demostración de los elevados costes humanos y materiales que tiene mantener una frontera en el otro lado del Mediterráneo. Para un soldado del siglo XVI, el servicio al rey con las armas en un presidio norteafricano es un destino no deseable, pues es sinónimo de una vida dura y sacrificada, obligada a una vigilancia exhaustiva y continuada sobre el adversario islámico, contrapuesta a la existencia de mayores incentivos económicos y ascensos en las plazas españolas en Italia. Por ello, en la década de 1570, cuando se alista nuestro autor, cuesta mucho trabajo convencer a jóvenes para pasar al servicio en Berbería, por lo que suelen ser reclutados por medio de engaños y medias palabras, como desvelan los diferentes textos que nos lega nuestro autor, quien empieza sirviendo como alarife, albañil, para reconstruir las murallas y los recintos fortificados de Orán, tras haber sufrido el fortísimo asedio impuesto por los otomanos y argelinos en 1563, del que aún eran evidentes las consecuencias en su recinto defensivo. Entre esta fecha y los meses anteriores al reclutamiento del asturiano de Urbiés, el Consejo de Guerra de Felipe II ha estado decidiendo la conveniencia de fortificar nuevamente la plaza o de abandonarla, como recomiendan varios militares y cortesanos, para reducir los excesivos gastos que depara su mantenimiento. El propio rey duda durante varios meses sobre la decisión que debe tomar ante la división de opiniones entre sus consejeros. Al final, y atendiendo nuevos informes que aconsejan su continuidad por su enorme importancia defensiva al ser el único baluarte que impide la expansión del Gran Turco por Berbería tras la toma de Túnez y La Goleta en 1574, decide invertir importantes sumas de dinero en crear fortalezas inexpugnables, aunque costosas de levantar y defender, además de rehacer las ya existentes, al hilo de la más avanzada poliorcética de la época, con planos de los arquitectos militares más relevantes del momento, como el príncipe Vespasiano Gonzaga, cuyo nombre tiene buen cuidado de anotar Diego Suárez en su biografía. Cuando nuestro personaje desembarca en Mazalquivir en 1577, Orán es la única ciudad en manos españolas en este reino de Tremecén, situado en el centro del Magreb, entre el reino de Marruecos y Fez, al oeste, y el de Túnez, al este. Frente a Mazalquivir, a la que solo alcanza la denominación de villa o, en todo caso el de villa y fortaleza o fuerza, haciendo hincapié en el uso defensivo de su magnífica fortificación al pie del mar, Orán mantiene el título de ciudad a lo largo de la presencia española en este territorio, pues es el único enclave al que la Monarquía logra trasladar los presupuestos de organización y administración vigentes en la Castilla del periodo, combinando los rasgos característicos de una urbe en transición a los nuevos tiempos modernos con los que definen a un enclave de carácter militar localizado en la frontera norteafricana, un presidio, entendido este no como cárcel, sino como lugar guarnecido, desde el que se realiza una vigilancia y defensa sobre el entorno. Pero Orán supera los límites del simple presidio para convertirse en ciudad en la que se mezclan elementos medievales y modernos, y se reflejan procesos, actitudes y comportamientos propios de las ciudades peninsulares de la época, poseyendo hasta su propio cabildo. Esta urbe que conoce nuestro Diego en 1577 presenta un trazado típicamente medieval, alejada de los nuevos proyectos urbanísticos que se realizan en la España moderna al calor de las ideas renacentistas imperantes en la época, al contrario de lo que ocurre para la vertiente militar de la ciudad, donde sí se pusieron en práctica los postulados de la arquitectura castrense del Renacimiento. Con poco más de 400 vecinos en 1589, entendiendo por vecino los varones que, viviendo en estas plazas con su familia, no forman parte propiamente de la guarnición, pero pueden llegar a formar parte de ella en caso necesario, Orán se dibuja en planos como los de Leonardo Turriano como una ciudad que recuerda a Toledo, con calles estrechas y tortuosas, y casas amontonadas con patio interior, pocas ventanas, paredes encaladas y, en vez de tejados, terrados llanos rojizos por donde se andaba y se pasaba de una a otra con más facilidad que por la propia calle, que no siempre existía. Entre ellas, como si se tratara de cualquier otra ciudad de la España filipina, se distribuían las tiendas de artesanos, mercaderes y comerciantes que componían el paisaje cotidiano de una ciudad donde no todo eran castillos y guarniciones, si bien el paisaje lo dominaba la casi inexpugnable fortaleza de Rosalcázar, excavada sobre la roca, el castillo de Santa Cruz, en lo alto de la montaña de la silla de Orán, y el recinto de la alcazaba, rodeado de su propia muralla, en el que, además del palacio residencial del gobernador, se hallaba la plaza de armas, lugar estratégico de la vida militar donde se realizaban los alardes periódicos de la guarnición.

Cuando Suárez llega, Orán es el enclave que impide que los otomanos asentados en Argel, y ahora también en Túnez y Tremecén, ocupen todo el espacio del Magreb, extendiendo la frontera del Imperio otomano hasta las costas del otro lado del estrecho de Gibraltar. Los otomanos llevan años pretendiendo realizar esta política, como muestra el hecho de que se inmiscuyan en todos los conflictos que surgen en la zona, estando detrás de las diferentes guerras civiles en las actuales tierras de Marruecos. En 1578, el rey don Sebastián, sobrino de Felipe II, decide pasar a ayudar a uno de los contendientes para impedir que los otomanos que apoyan al otro pretendiente se hagan con el control del estrecho, produciéndose en Alcazarquivir una derrota que acaba con la vida del monarca lusitano y obliga al rey español a preocuparse nuevamente por Berbería, lo que reafirma lo acertado de invertir dinero en Orán-Mazalquivir para vigilar a la Sublime Puerta. El mantenimiento del doble presidio supone que se consignen anualmente importantes cantidades para aumentar la guarnición, fijada en 1.200 plazas hasta 1596, aumentadas a 1.700 desde entonces, aunque casi nunca eran cubiertas por completo, y, sobre todo, para fortificarla mejor de lo que estaba, voluntad que se manifiesta en el reclutamiento de tan gran número de hombres como los que acompañan a Diego Suárez a su llegada a tierras africanas para realizar el duro trabajo de recomponer y mejorar sus defensas.

Durante los primeros cuatro años de su permanencia en el Magreb, nuestro autor se encuadra dentro de la denominada «gente de guerra y fábricas», junto con el resto de hombres reclutados que habían llegado a Orán desde Cartagena en la misma ocasión, para «ayuda de su guarda y fortificaciones». Su cometido es, por tanto, el de colaborar en el reparo de las murallas, en la ampliación de castillos como el de Rosalcázar y, sobre todo, el de iniciar con otros muchos soldados de estas compañías la edificación de la enorme fortaleza de Santa Cruz, construcción que se planifica erigir en los mismos meses en los que llega a Orán:

> Comenzáronse a poner las fábricas de Orán por obra, donde solo se acabó la fortaleza [Santa Cruz] de la montaña, por ser, como era, la más menesterosa para defensa de aquellas plazas. En la cual ayudamos a trabajar la gente de guerra subiendo piedra tantas horas de cada día, cuya continuación de obra duró más de tres años. Y las demás fortificaciones, aunque de la una se levantaron grandes baluartes y traveses, terraplenes de tierra muerta, cesó su continuación y no había pasado adelante cuando esta historia se escribió en Orán, año de 1600. Solo en este medio tiempo se perfeccionó la fuerza que dicen de San Gregorio, siendo aquellas plazas a cargo de don Pedro de Padilla, como en su tiempo se apuntará con las demás cosas suyas.

Este imponente castillo de Santa Cruz se levanta en el mismo lugar donde los otomanos instalaron su principal campamento durante el durísimo asedio de 1563, en una montaña que vigila desde arriba tanto a Orán como a Mazalquivir y que altera hasta el momento presente la llana fisonomía de la ciudad. Incluso se decide rebajar una zona de la parte trasera de la cima de la montaña para aumentar la defensa del imponente castillo en caso de otro ataque enemigo por tierra desde el interior, por lo que la gente de guerra y fábricas, estos militares destinados a tareas de fortificación, entre los que se encuadra Suárez, va creando un enorme foso que le aísle de la tierra circundante realizando un rebaje del terreno perfectamente visible en la actualidad tanto desde tierra como desde el mar.

Suárez refiere que se integra en las brigadas que se dedican a este duro trabajo, aunque se otorga igualmente un oficio militar, tal y como presuponía su inclusión en esta «gente de guerra y fábricas». En este sentido, juega con la descripción de su vida para ennoblecerse, por lo que el trabajo de albañil se trueca por el de gastador («en cuyas fortificaciones de Orán trabajé con los demás gastadores tiempo de cuatro años»), entendiendo este término como el de los soldados de infantería que preparan el terreno para el avance de sus compañeros de armas, aunque, como en Orán-Mazalquivir prácticamente no hay avances, el fin principal es mantener y mejorar las defensas existentes, objetivo fundamental para perpetuar el dominio español sobre estas tierras aisladas en medio de la Berbería musulmana. Como resulta lógico, es más loable pertenecer a un cuerpo militar que trabaja sobre el terreno que a una brigada de obreros que levantan lienzos de muralla y cavan fosos defensivos. Los trabajos que realizan los jóvenes reclutados en estos años los conocemos perfectamente, tanto por la documentación escrita que se conserva en nuestros archivos como por los dibujos de las trazas de los castillos y los muros que reparan y fabrican, tanto en los fuertes levantados dentro de la urbe como las fortificaciones defensivas externas:

> …sirviesen en las fábricas que el mismo rey Felipe Segundo había mandado diseñar por medio del príncipe Vespasiano de Gonzaga, virrey de Navarra y Vizcaya, su ingeniero mayor, pasando por su mandado en Orán fin del año 1574, en que se había perdido La Goleta y nuevo fuerte de Túnez. En cuyas fortificaciones de Orán trabajé con los demás gastadores tiempo de cuatro años, en que pasé muchos trabajos y riesgos de la vida…

Suárez estuvo hasta 1581 realizando este trabajo de peón, por lo que, en estos primeros años en el norte de África se rompieron todas sus esperanzas de emprender grandes empresas militares y ser el protagonista de memorables y excelsas hazañas, sueños con los que pudo partir de tierras asturianas. Aunque no lo refiere de una manera explícita en sus edulcoradas biografías, se siente decepcionado por la dura y peligrosa vida que emprende, completamente alejada de cualquier anhelo de gloria y reconocimiento. En verdad, su mayor logro fue sobrevivir a los continuos accidentes que se producían durante los trabajos levantando paredes de piedra en frágiles andamios. Como ya hizo en su periplo por Andalucía, refiere un par de ocasiones en las que el azar, o la providencia, respetan su vida en accidentes que podrían habérsela cercenado, como el que acaece cuando están haciendo en 1579 el foso de la fortaleza de Rosalcázar con un fuerte temporal de lluvia que provoca un derrumbe en el que perecen una decena larga de hombres:

> En otros muchos peligros y riesgos de vida me vi en aquellos cuatro años que continué en las fábricas de las fortificaciones de aquellas plazas,

ya cayendo de altos andamios abajo, ya cayendo junto a mí grandes pesos de maderas y canterías, y de otras formas, de que todo fue Dios servido librarme. En cuyo tiempo tenía yo, asimismo, mis armas alistadas, pica y arcabuz, con que salía a las presas de cabalgadas con la gente de guerra y algunas ocasiones de arma, especialmente si se salía en días de fiesta, interpolándome entre la infantería, a que era más aficionado.

Esta cita del texto que se encuentra al final de estas páginas nos explica perfectamente el ambiente en el que se introduce el asturiano. Aunque su rutina diaria se centra en la ejecución de tareas de albañilería, como soldado de la guarnición es aceptado por los oficiales de la milicia para participar en algunas de las cabalgadas que organizan las autoridades de las plazas. Estas acciones de pillaje y de corso terrestre ocasionales y puntuales se convierten en actividades fundamentales para la subsistencia de este doble presidio ante la dependencia de unos envíos de dinero, abastecimientos y pertrechos desde diferentes puertos de la Península, fundamentalmente Málaga y Cartagena, con cargo a las consignaciones anuales de la Monarquía para gastos de presidios y fronteras, que no siempre llegaban a tiempo ni en las cantidades necesarias para que estos soldados y sus familias pudieran sobrevivir. Es necesario llevar desde España buena parte de los materiales de obra, desde la cal a la madera, dado que es casi imposible contar con ellos en las poblaciones cercanas. Faltan alimentos, ropas y hasta moneda corriente, lo que obligará, ya entrado el siglo XVII, a crear una moneda propia en el doble presidio para poder pagar en los mercados interiores de los presidios. Las pagas y salarios de alarifes y soldados se retrasan hasta varios meses, bien por la tardanza en la llegada de galeras con el dinero anual consignado, por la insuficiencia de lo enviado o incluso por los efectos de los ataques de los corsarios a las naves que llevan estos envíos periódicos a los presidios.

Ante estas circunstancias, el principal recurso que les queda a los capitanes generales de la plaza es incentivar la realización de cabalgadas sobre los grupos de población musulmanes cercanos, actividades que bendice y regula la propia administración de la Corona desde pocas décadas después de la conquista. La mayor parte de los musulmanes de la zona se dedican al pastoreo de ganado menor, además de a algunas tareas agrícolas; son grupos de población seminómada que acampan con sus tiendas, denominadas aduares, buscando tierras fértiles y con buenos pastos. Aquellos aduares que no reconocen la sumisión a las autoridades de la plaza oranesa –sumisión que se acepta pagando un tributo anual en especie, fundamentalmente en grano, y por el que reciben a cambio la protección de los soldados españoles– pueden ser atacados como acción de guerra justa, además de loable. Los soldados buscan ante todo alimento y esclavos, lo primero para su subsistencia, lo segundo para vender en almoneda en la propia Orán o en otras ciudades peninsulares, repartiéndose la ganancia entre todos los intervinientes en estas empresas. Estas salidas a campo abierto se suelen hacer por la noche, aunque también las hay a plena luz del sol, por medio de espías, muchas veces alguno de los judíos a los que se permitió vivir en Orán poco después de la conquista de la plaza por el cardenal Cisneros, mogataces –soldados musulmanes al servicio de la Monarquía– y atajadores que informan de los lugares donde se encuentran estos campamentos. Son acciones muy peligrosas, al poder ser descubiertos lejos de las murallas y sufrir duros ataques de la caballería árabe enemiga en despoblado, lo que explica que se permita a la gente de guerra y fábricas que ayude a la infantería ordinaria para aumentar la seguridad en estas operaciones, que siempre deben ser rápidas, buscando el factor sorpresa sobre el rival. En el caso de nuestro protagonista, que estos primeros escarceos son una concesión graciosa de los mandos militares queda claro cuando refiere que sirve con sus armas personales los días feriados, aquellos en los que no debe trabajar haciendo argamasa y acarreando piedras y cal. Esta manera de abastecerse y completar el sueldo depara grandes alegrías a la soldadesca, aunque también enormes desgracias, por lo que desde el Consejo de Guerra se intenta regularlas, para evitar que los soldados españoles acaben cautivos del musulmán de las tierras norteafricanas circundantes de este doble presidio de Orán-Mazalquivir, además del prestigio que se pierde cuando se producen estas capturas o muertes de integrantes de la guarnición cristiana. Los repartos de botines también suponen agravios y puntos de fricción entre la guarnición, lo que complica enormemente la vida militar dentro del presidio al poder generar sediciones e intentos de deserción frecuentes a lo largo de toda la vida del presidio.

Esta circunstancia es aprovechada por este avispado joven para ir adentrándose en los verdaderos oficios militares que desea desempeñar provisto de su pico y su arcabuz con los que va participando en estas presas, para dejar de formar parte de la gente de fábricas y, con ello, abandonar los duros trabajos de la cantería y los elevados andamios, y poder estar presente en los alardes que inspeccionan a la llamada gente de guerra del doble presidio, ya de lleno «entre la infantería, a que era más aficionado». Su cambio de vida se produce en abril de 1581, cuando es nombrado soldado de infantería en la compañía de Pedro Fernández de Guzmán, originario de Toledo, sucedido poco después por el extremeño Francisco Hernández de Llerena, en cuya compañía sirvió a lo largo de los siguientes veintitrés años de su vida, hasta que abandona la seguridad de las murallas oranesas en 1604 para intentar editar una parte del extenso libro que lleva años escribiendo, reivindicar su legítima volviendo a tierras asturianas y cobrar los muchos atrasos que le debe la Corona. Diego pasa entonces de ejercer un oficio duro, peligroso y mal pagado a realizar otro con unas características semejantes, privado de una completa libertad de movimientos, como muestra que no puede abandonar el continente africano en todo el tiempo que reside en estas tierras, ni por medio de la concesión de una licencia, pues «era mozo en edad y fuerzas», útil por tanto para el servicio militar, ni desertando, aunque lo intenta:

> En cuyo tiempo de veinte y siete años puse todas las diligencias posibles para volverme en España, ya pidiendo licencia a los capitanes generales, ya a hurto y escondidas en las naves y galeras que iban allí, donde siempre me iban a buscar y volvía a tierra.

Suárez pretendió escapar de las durezas de la vida de soldado en Orán en más de una ocasión, como él mismo explica sin pudor ni disimulo; el recurso al empleo de las embarcaciones que periódicamente llegaban a las plazas para llevar algún tipo de bastimento, munición o pagas por parte de la gente de guerra que deseaba abandonar las plazas pero no lo conseguía por el conducto legal era bien conocido por la oficialidad, que aumentaba la vigilancia sobre los soldados cuando había barcos en la rada oranesa. Suárez, ya polizón, fue descubierto en todas las ocasiones, debiendo volver a la rutinaria vida del presidio, aunque lo que no nos cuenta es si sufrió algún castigo por ello…

El ejercicio de la milicia tampoco le depara una vida apasionante, dado que su existencia se reparte entre hacer guardias en las murallas y castillos oraneses y participar en algunas de las cabalgadas que se organizan. En la práctica, es una vida a la par arriesgada y aburrida, sujeta a una dura disciplina militar en la que las guarniciones están siempre alerta y en estado de guardia permanente, acantonadas y en perfecto estado de revista para entrar en acción si se produce una alarma. Las murallas que el asturiano ha contribuido a levantar y los castillos que defiende son su salvaguardia, al mismo tiempo que su prisión, ya que toda su existencia se realiza en unos y otros, al ser imposible emprender nuevas conquistas en el territorio que vigilan y defienden estas guarniciones.

Si en su periplo de casi tres años por España, tras salir de Asturias, Suárez había ido viviendo en diferentes lugares, cambiando de amos reiteradamente y conociendo sitios nuevos, en Orán, por el contrario, debe habitar durante casi tres décadas siempre en el mismo lugar, a las órdenes de un capitán general, que es a la vez el gobernador del doble presidio, conviviendo con un elevado número de personas en un espacio muy reducido y en unas condiciones precarias y adversas, lo que depara roces y problemas cotidianos de convivencia. Apenas rompe esta monotonía su participación en algunas cabalgadas, en las que los soldados, con enorme peligro de su vida, logran una mínima recompensa del botín adquirido violentamente, con la que intentan completar sus mal pagadas y escasas soldadas. Mas, cuando terminan estos rápidos asaltos, vuelven a pasar su vida en garitas y baluartes oteando el mar y la costa circundante en busca de navíos en corso o de armadas enemigas y en las torres de los diferentes castillos para descubrir posibles tropas de infantería o de caballería del adversario. Los años de servicio, de los que parece presumir al leer de manera rápida sus biografías, resultan un enorme esfuerzo para una persona inquieta, a la que no se conceden permisos para salir de la plaza.

Al ver que no consigue volver a la península para optar a otro tipo de vida, y tras once años de servicio continuado en Orán, contrae matrimonio en 1588, al cumplir los treinta y seis, y como él mismo confiesa, de aborrecido me casé [...] con una honrada doncella, virgen, sin haber tocado a mujer ninguna, preciándome siempre en todo de limpieza, huyendo de las ocasiones que en esto se me ofrecían muchas veces, por ser yo de moderado talle y conversación honesta.

Su mujer será precisamente María de Velasco, una joven de diecisiete años, nieta de uno de los hombres que habían participado en la conquista de Orán en 1509 e hija de uno de sus defensores frente a los asedios argelinos de 1556 y 1563. Recordemos que los condes de Alcaudete, que gobernaron estas plazas de forma casi sistemática en sus diferentes ramas durante el siglo XVI y parte del XVII, tenían como apellidos Fernández de Córdoba y Velasco. De esta manera, Suárez entronca con uno de los linajes que unen su nombre con el del presidio, una especie de aristocracia militar que tiene un relativo peso en la urbe por su condición de «soldados viejos de Berbería». Al ocupar varios de los deudos y familiares de su esposa puestos de rango elevado dentro del presidio, Suárez ve mejorar su situación, integrándose gracias a su matrimonio, y al nacimiento de una hija, Michaela —así llamada por haber nacido el día de San Miguel—, en el modelo ideal de soldado estable con vínculos familiares en la plaza que había proyectado la Monarquía para estos militares de guarnición en tierras norteafricanas. Poco a poco se convierte en un perfecto exponente de los soldados que viven largo tiempo en las plazas con sus familiares directos y saben combatir contra los musulmanes en África, soldados veteranos especializados en un tipo de guerra muy específica, una suerte de *guerra viva* en la que la guerra ordinaria, es decir, las operaciones de conquista que solo se produjeron en las primeras décadas tras la conquista de Orán, ha dado paso a una guerra extraordinaria, que es realmente la habitual, basada en las mencionadas cabalgadas contra los aduares de tribus sin seguro cristiano. Son estos los *soldados de presidio* a los que Suárez tanto valora, enorgulleciéndose en sus escritos de pertenecer a ellos, por ser

soldados vigilantes como las grullas, estando siempre en alerta y aprestados con las armas en las manos, y escuchas y centinelas a lo largo, esperando de hora en hora la ocasión [...] disciplinados en guerra viva, acostumbrados a semejantes ocasiones, repiquetes ordinarios de rebatos de improviso en poblado y en campaña, según son los soldados de esta costa de África de aquí a levante y a poniente...

Suárez se concibe, se autorretrata y se defiende como un militar especializado en un tipo de guerra que tiene enormes diferencias a las que están practicando los tercios en Italia y Flandes, a cuyas tropas no tiene remilgos en denominar como «soldados de regadío» o «soldados regalados», que no se hallan

> acostumbrados en sufrir trabajos de calor ni sed ni en pelear con moros y turcos como lo son los soldados disciplinados en los presidios de la costa de Berbería, que tienen callos en los oídos de oír gritos de moros y en las manos de pelear con ellos.

Estos soldados de los afamados tercios de la Monarquía no sirven de ningún apoyo a las guarniciones norteafricanas en las circunstancias concretas en que las que estas unidades se allegan a Berbería y forman parte puntualmente de su estamento militar, porque ni conocen el terreno en que se mueven ni al enemigo al que combaten. Esta guerra viva que él si sabe practicar llena de orgullo, tanto como de pesar, a los hombres que la ejercitan por el gran esfuerzo y escasa recompensa que reciben. Pero para curtirse en ella, para saberla desempeñar, para conocer sus especificidades, es necesario pasar muchos años alistado entre la gente de guerra de estas plazas, por lo que las autoridades españolas intentarán por todos los medios que estos soldados se establezcan allí con sus familias traídas desde la Península o se casen en el propio presidio con mujeres cristianas para intentar reducir el número de deserciones y motines, además de para intentar lograr el establecimiento de una sociedad civil que permita cambiar los duros límites de una fortificación militar. En este sentido, Orán será la única ciudad conquistada en el Magreb que logra crear una sociedad civil perfectamente definida, ya que además de población militar existen personas que ejercen oficios independientes de la vida castrense, e incluso una comunidad judía perfectamente constituida que tiene una enorme importancia para la pervivencia del propio presidio, así como para la circulación de noticias y el abastecimiento de mercancías.

La vida da otro importante giro para nuestro protagonista poco después de contraer matrimonio, cuando el entonces gobernador de la plaza, el duque de Cardona, Diego Fernández de Córdoba, por ser buen soldado y no ser jugador, le encarga la sacristía y escribanía de la iglesia de San Bernardino del hospital del mismo nombre erigido en Orán bajo la advocación del santo en cuyo día tuvo lugar la conquista de la plaza por Cisneros, con salario de veinte reales al mes, que se sumaban a los treinta y cinco de soldado ordinario. Suárez había aprendido a leer y escribir en su villa natal de Urbiés, lo que muestra que sus padres tuvieron buen cuidado de formarle con ciertos recursos para poder insertarle en la sociedad del siglo XVI. Este dato sobre su formación, que ahora nos puede parecer una cuestión de escasa importancia, condicionará, sin embargo, toda su vida. Aunque es un hombre escasamente instruido, pues no tiene estudios superiores sino simplemente las primeras letras, logrará con voluntad y empeño, gracias a su enorme curiosidad, utilizar estos pequeños rudimentos para ir escalando peldaños en la sociedad civil y militar en la que le toca, y en la que elige, vivir. Como se ha referido en los estudios más recientes sobre este personaje realizados por especialistas en literatura (Adrián J. Sáez, 2021), Suárez es plenamente consciente de que en su persona se encarna uno de los mitos del momento, el de las armas y las letras, viéndose a sí mismo como un soldado-escritor, al modo del mismo Garcilaso de la Vega:

> …siendo tan inclinado a la pluma como a las armas, en el curso de milicia que allí estuve, tiempo ha de cerca de treinta años, trabajé asimismo una general historia de aquel reino, nombrado en los pasados siglos la Mauritania cesariense y en los presentes reino de Tremecén y Argel, adonde los turcos han puesto la silla de su señorío.

El celo de sus padres al empeñarse para que el joven Suárez aprendiera las primeras letras será recompensado mediante este nombramiento como escribano. Lo cierto es que, ya desde su llegada a Orán, y al igual que en su mocedad mientras vivía en el valle de Turón, nuestro autor se había afanado en hablar con soldados veteranos y otros hombres de fuerte bagaje vital para ir recolectando vidas, noticias y anécdotas de lo acaecido en su destino durante las décadas anteriores, desde que el enclave había pasado a manos españolas. Pero el puesto de escribano le pone de lleno en contacto con libros, papeles viejos y registros de personas y acontecimientos. Aunque sigue sin poder escapar de su entorno y de la monótona existencia de un soldado de presidio, la literatura le posibilitará vivir su reclusión de otra manera completamente diferente, y este nuevo oficio le permite dedicarse con auténtica pasión a la afición de indagar en el pasado y poner negro sobre blanco las historias y noticias recopiladas, comenzando por su propia biografía. Algunos de los veteranos conquistadores de las plazas hispanas en Berbería, comenzando por algunos miembros de su familia política, están aún vivos, así como sus mujeres, por lo que puede reconstruir el pasado del lugar que defiende y en el que vive. Aprecia más los recuerdos y la fiabilidad de los acontecimientos narrados por las mujeres de estos hombres, más cercana a la realidad que los imaginativos recuerdos de los hombres de armas. Su escritorio se va llenando de papeles en los que recoge estos testimonios, al tiempo que copia los datos que lee en los libros de repartimiento de bienes raíces, casas y huertas de tiempos inmediatamente posteriores a la conquista, en privilegios y cédulas reales, o en reales provisiones y títulos, de los que extrae las fechas de gobierno de cada capitán general. También tiene a mano todos los libros de seguros a los musulmanes colaboradores (los «moros de paz»), en los que él mismo se encarga de anotar el importe de su seguro durante su prolongada estancia en tierras oranesas, lo que le permite discernir perfectamente entre los diferentes aduares y habitantes musulmanes del alfoz del doble presidio. Igualmente, tiene a la vista los libros con la relación anual de aquellas otras tribus que no han querido firmar el seguro (los «moros de guerra»), y el castigo que se les impone en forma de presas y cabalgadas, lo que explica la minuciosidad con que va describiendo cada una de las que ocurre al tenerlas perfectamente documentadas:

> Lo mismo el modo y forma de castigar a los moros enemigos que no quieren venir a Orán a pedir seguro y vienen a hacer daño [a] aquellas plazas, atajando las provisiones de ellas, que en propio nombre antiguo de la guerra ordinaria de España contra moros dicen cabalgada a tales presas. Sé muy bien cómo se hacen de varias vías y formas, por hallarme en tales ocasiones muy muchas veces en tiempo de acerca de treinta años. Para [lo] que no tuve necesidad de información de nadie de las partes y términos del reino do se hicieron las tales presas, y en qué linaje y parcialidades de

moros, y cuántos se trajeron cada vez de ellos por esclavos y cristianos vinieron heridos y quedaron allá muertos. Y en las que fueron menester las manos y ánimos peleando o no a lo largo o cerca de Orán, a levante, poniente o mediodía, en tierra y lo mismo en la mar.

Junto a todo esto, que ya convertiría a Suárez en un privilegiado autor con acceso completo a las fuentes primarias, él mismo se muestra como un preciado *bibliófilo* que no ceja en su empeño de leer las crónicas más importantes sobre los sucesos de la expansión española por este espacio, como el tomo primero de la *Descripción General de África* de Luis del Mármol Carvajal o los textos que relatan las empresas del cardenal Cisneros o de Pedro Navarro en las conquistas de peñones y ciudades a principios del siglo XVI, así como los textos sobre los hechos de armas de Carlos V en este espacio. Son textos que lee y cita continuamente en sus manuscritos, sus fuentes secundarias, llegando incluso a refutar algunas de las afirmaciones que contienen cuando considera que son inexactas o incorrectas, o que ha habido algún cambio con el devenir de los años, intentando afirmar la supremacía de su criterio, por su mejor información y experiencia directa sobre los territorios y las circunstancias que se describen. Nuestro Diego se muestra como una persona obsesionada con la datación exacta de todos los acontecimientos que narra, por lo que nos lega las fechas concretas y detalles completos de todo lo que es capaz de recopilar, y cuando no conoce algún dato, deja un espacio en blanco para rellenarlo más adelante. Con toda esta documentación a su alcance, Suárez empieza a redactar en 1592 una gran historia de Berbería, que acabaría convirtiéndose en un extenso manuscrito que en la actualidad se conserva en los archivos de Aix-en-Provence, y al que pertenece la biografía que se encuentra al final de estas páginas.

Él siempre se presenta ante los hipotéticos lectores de sus obras como un hombre que aprovecha el tiempo en seguir perfeccionándose como militar y como escritor-cronista. Además de ascender por no ser analfabeto, condición que mantienen muchos de sus compañeros de armas, también se aleja de los vicios propios de los que se incluyen en la milicia, como el juego o la bebida, por lo que se va puliendo paulatinamente a lo largo de los años para verse como un hidalgo que se refina hasta convertirse en el hombre que practica estos dos nobles oficios, la pluma y la espada, con honor:

> Juntamente con el ordinario trabajo y ejercicio de las armas, interpolé siempre el de las letras, leyendo libros y borrando papel, en el poco tiempo que me sobraba, o por mejor decir, hurtaba a mi mismo reposo, en que nunca perdoné ninguno: hallando en esto más descanso y sacando más fruto que del ejercicio del juego, naipes y dados.

Además de los diferentes cometidos referidos, el presidio era uno de los lugares de destierro de miembros de la nobleza hispana del momento, entre ellos algunos nobles valencianos, siempre dispuestos a coger las armas por pendencias regnícolas. Varios de estos caballeros levantinos desterrados en Orán en los años finales del siglo XVI le recomiendan que redacte la historia de uno de los gobernadores más afamados del doble presidio, uno de los grandes del reino de Valencia, Pedro Luis Galcerán de Borja y de Castro-Pinós, el último Maestre de la Orden de Montesa, y de su hermano Felipe de Borja, cuya gobernación abarca los años anteriores a la llegada de Diego Suárez a Orán, en concreto de 1567 a 1573. El apellido del capitán general, hijo del duque de Gandía, don Juan de Borja, y de doña Francisca de Castro y Pinós, le podía facilitar la publicación de una parte de aquella gran historia de Berbería que estaba escribiendo, la referida en concreto a esta gobernación, consiguiendo así la fama y el dinero que ansía, además de una posibilidad de lograr el añorado permiso para poder salir del doble presidio. De esta forma, los últimos años de su vida como soldado-escritor en Orán se centran en terminar un libro completo que abarque el mandato del Maestre de Montesa para ser publicado, y de paso mitigar el hastío y el cansancio que tiene por residir en un lugar no deseado y del que no puede salir. Extrae de su gran libro de anotaciones y referencias, lo que él denomina los «anales de África», todas las noticias que considera pertinentes para ilustrar el mandato de este personaje, obviando los elementos negativos de su persona para no enfadar a sus hipotéticos y deseables mecenas. Pretende que la edición de este texto sea el primer paso para publicar el resto de sus escritos, adquiriendo fama y riqueza por el empleo de la pluma, después de llevar tres décadas sometido al influjo de la espada.

Por desgracia, cuando comenzó a escribir su historia, Suárez conocía que la empresa africana estaba tocada por el fracaso y la indiferencia de sus compatriotas contemporáneos. Él aún defiende la importancia del mantenimiento de las posesiones hispanas en Berbería cuando amplios sectores de la población no desean mantener estos lugares, al pensar que resultan muy costosos para los escasos resultados tangibles que se alcanzan. Su propósito es el de escribir una historia lo más exhaustiva y extensa posible del norte de África, teniendo a Orán-Mazalquivir como centro de la misma, en la que se incluiría desde aspectos de tipo geográfico y paisajístico, hasta fijar su evolución humana en las diferentes épocas, para concluir con la presencia española en esta parte de África. Como ya se ha referido, toma los modelos propuestos por Juan León el Africano y Luis del Mármol Carvajal, cuyas obras conoce cuando está ya en Orán y a donde se las hace enviar, comprándolas a distancia, si bien lo cierto es que empieza a redactar su escrito cuando ya estos autores están empezando a dejar de ser leídos, como muestra que el segundo tomo del texto de Mármol se lo tenga que costear el propio autor al no encontrar ningún impresor dispuesto a financiarlo.

La mayor parte de los relatos de estos escritores-soldados, como le ocurre al propio Suárez, quedaron inéditos, aunque sus volúmenes estaban perfectamente preparados para pasar a las prensas, ya que no se tiene claro la rentabilidad de imprimir sobre esta cuestión. Los escritos sobre las crónicas de Berbería están describiendo un mundo real que tiene continuas referencias a tiempos excesivamente remotos para los lectores del momento. La frontera de Berbería recuerda demasiado a la que existió en la época medieval, luchando por los mismos principios y fundamentos que en este momento, lo que no despierta muchas simpatías entre los compradores de libros. En realidad, se está reseñando una guerra de frontera en la que los propios soldados que la realizan son sus víctimas y damnificados. Por desgracia, la sociedad española se cansa rápidamente de los sucesos de las riberas del Mediterráneo, salvo de las crónicas de las grandes victorias, como son las de Túnez en 1535 o Malta en 1565, por lo que estos escritos son ignorados. Más evidente queda esta cuestión al extractar el propio Suárez de su gran manuscrito un capítulo específico, que luego quiso convertir en libro aparte, para reseñar una derrota, como fue la de Argel de 1541 encabezada personalmente por Carlos V, lo que explica que este texto se conservara como manuscrito hasta que Beatriz Alonso Acero lo dio a la imprenta en 2018. El propio olvido del historicismo español de estos sucesos, una crónica negra que se ha ido arrastrando a lo largo de los siglos, ha silenciado uno tras otro a estos relatos, que en el caso de nuestro protagonista es más cruel, ya que este olvido comienza a materializarse incluso durante las últimas dos décadas de la vida del autor.

Diego Suárez se describe como un soldado disciplinado y fiel, completamente integrado en el servicio de este Orán español. Sin embargo, no deja constancia de que pretendiera ascender en su oficio militar para intentar alcanzar una vida mejor, como tampoco de que se aprovechara de su matrimonio con una nieta de conquistadores para integrarse en la élite militar a la que pertenecían los parientes de su esposa. En alguna ocasión refiere que méritos tenía suficientes para ascender en el escalafón castrense, afirmando que le «sobraban partes y servicios» para haber llegado al menos al puesto de alférez. Pero él siempre se sintió más cómodo siendo un soldado más, preciándose de ello en sus escritos, quizá porque su meta nunca fue quedarse en Orán demasiado tiempo, como demuestra su continuada petición de licencias de salida desde pocos años después de su llegada a la plaza.

En septiembre de 1600 tuvo lugar uno de los episodios más comprometidos de su larga vida en el doble presidio, cuando fue acusado, según él, falsamente, de instigar un motín contra el gobernador, don Francisco Fernández de Córdoba y de Velasco, IV conde de Alcaudete, siendo mandado arrestar por primera vez en su vida, a la edad de cuarenta y ocho años. Suárez lo explica a su manera:

> …por la mala información y a instancia de uno de los capitanes ordinarios de Orán, que me tenía de secreto, encubiertamente, mala voluntad, mostrando serme amigo, en que no era, burlando el negocio del falso testimonio que me levantó para quitarme vida y honra si criminalísimo, haciéndome autor y electo de motín general contra el mismo conde. Empero, apurándome la verdad por justicia del auditor, salí libre de la prisión, en que estuve tres meses en una torre y cuarto fuerte de la misma alcazaba, palacio real de Orán, donde se aprisionan los capitanes. En que

me entregaron a cargo del mismo alguacil mayor de Orán, nombrado Andrés Hernández, hechura del mismo conde, con quien pasaron largas cosas sobre mi defensa de noche, en que se me sacaban las confesiones, siendo el mismo conde y auditor los fiscales, a solas con un notario. En que solo tuve por procuradores y mis defensores la inocencia e ignorancia de lo que se me pedía y era imputado, y la voz y fama de mi buena vivienda y ejercicios, siendo juntamente mi defensor en esta ocasión mi confesor, fraile dominico, Alegio Holguín, natural de Orán, y lo mismo Gaspar Prieto, sargento mayor, y todos los demás capitanes, alféreces, sargentos, soldados viejos y alcaides de aquellas plazas.

Sus palabras son aquí muy elocuentes del respaldo que ha conseguido dentro de las plazas en los veintitrés años que lleva ya en ellas y nos indican que realmente sí pudo llegar a formar parte en alguna medida de la élite militar del presidio, aun tratándose de un soldado raso, quizá por haberse ya convertido, con el paso del tiempo, en un soldado veterano de Berbería, ese tipo de militar que bien conoce las características específicas de la guerra viva en suelo norteafricano, ayudado también por la preeminencia que cobra su figura tras su matrimonio con una Velasco en 1588. Aparte de ser encerrado en una torre de la propia alcazaba, palacio real de Orán, lugar reservado para la prisión de la oficialidad, su defensa corre a cargo de su confesor dominico, una de las tres órdenes religiosas presentes en esta plaza, junto con franciscanos y mercedarios, y de uno de los sargentos mayores de la gente de guerra, pero cuenta con el apoyo del resto de la milicia oranesa, desde otros soldados viejos, hasta oficiales como sargentos y capitanes. Por ello, pronto queda en libertad, aunque en su memoria quedan esas largas noches en las que le «sacaban las confesiones». Paradójicamente, este encierro le supone el aldabonazo social y militar que no había logrado con tantos años de reparo de fortalezas, de guardias y vigilancias y de participación puntual en diversas cabalgadas. Y ello porque en aquellas «confesiones» pudo explicar el celo y dedicación con el que servía cada día, vigilando el alfoz oranés desde lo alto de sus murallas y de las cortinas y torres de sus fortalezas para mantenerlo libre de la asechanza de los moros de guerra, evitando el asalto a los soldados cuando salían a recoger leña, o a la población civil cuando tenía que acercarse a cosechar las frutas y verduras que producían las huertas aledañas a Orán –regadas por un río salvador para una población que no tenía que depender de los envíos de agua desde las costas españolas–, o a pastar sus cortos pero existentes ganados. De estas declaraciones mientras se hallaba preso durante estos tres meses, «nació estimarme y hacerme merced el mismo conde de Alcaudete en Orán y después en la corte, favoreciéndome en mis pretensiones…», aunque tampoco en esta ocasión aprovecha para ascender en el escalafón militar, pues como él mismo anota, ser «oficial nunca lo ha pretendido ni estimado, preciándose siempre más de soldado que de capitán».

El mismo gobernador que le manda apresar, el referido Francisco Fernández de Córdoba, le concede finalmente en marzo de 1604 el ansiado permiso para salir de Orán. Deja a su mujer y su hija en la casa de sus suegros, y se embarca hacia España justamente el día 7 de abril, es decir, la misma fecha que la que desembarcó en la plaza veintisiete años atrás, anotando ahora que de los ochocientos hombres que llegaron con él en 1577 solo quedaban diez en Orán, pues el resto había vuelto a la Península, o había fallecido por causas naturales o por los efectos de la guerra viva, o habían huido al campo enemigo para renegar de la fe cristiana y llevar una vida mejor entre moros y turcos. Nuestro Diego ha conseguido al fin salir de Orán, el destino en el que sirvió como gente de fábricas, soldado y escribano, sin llegar a ocupar ningún puesto de alcance castrense ni en la administración de la plaza, pero de cuyo desempeño se sentía plenamente orgulloso, hasta el punto de seguir escribiendo sobre las historias vividas entre sus polvorientas e intrincadas callejuelas, a las que ya nunca volverá en persona hasta el final de sus días, aunque paradójicamente sí lo hicieron algunos de sus manuscritos.

Se abre ahora en su vida un paréntesis de algo más de cuatro años, en el que, al fin, vuelve a España. Suárez sabe muy bien en qué se va a centrar a su regreso a tierras peninsulares, tiempo ha tenido de meditarlo en todos aquellos años en los que fue leyendo las resoluciones negativas a sus peticiones de licencia y de esconderse en las bodegas de los barcos en las que los alféreces y sargentos de la infantería oranesa siempre le descubrían. Sus prioridades ahora son tres: las relacionadas con la corte, las referidas a sus orígenes asturianos y las centradas en la publicación de las varias obras que ha ido escribiendo desde que tomó la pluma en

Orán en 1592. Desembarcado en Cartagena, y con intención de allegarse a Valladolid, sede de la corte de la Monarquía entre 1601 y 1606, se dirige a Murcia, donde el obispo Coloma le da cartas de recomendación para el todopoderoso don Pedro Franqueza, consejero de Hacienda y secretario del Consejo de Estado. Pasa por Membrilla, urbe manchega de la que debía ser originario su suegro, pues se detiene a hacer probanza de la limpieza de sangre de su pariente. Atraviesa después Manzanares, donde enferma de un dolor de costado, y llega a Toledo, ciudad en la que, según su testimonio, nada menos que su arzobispo, don Bernardo de Claraval y Rojas, primo hermano del duque de Lerma, le firma cartas de recomendación para el propio duque y para el conde de Alba de Liste, don Antonio de Guzmán, consejero de Estado y Guerra.

Con todo este cartapacio de documentos firmados por personajes influyentes de diferentes sectores sociales de la España de Felipe III, más las propias cartas de recomendación que le dio el conde de Alcaudete antes de abandonar Orán, arriba a Valladolid el 30 de junio de 1604, donde el duque del Infantado, gentilhombre de cámara del rey, le provee cincuenta ducados de ayuda de costa, como primer auxilio económico para quien había servido al rey tanto tiempo en tierras arriesgadas y peligrosas y no volvía de ellas precisamente rico. Pero Suárez lo que quiere es que se le paguen sus salarios adeudados; por ello, Esteban de Ibarra, secretario del Consejo de Guerra, tramita una cédula que se envía al contador y veedor de Orán para averiguar la cuantía de dichos atrasos, que ascienden nada menos que a «ciento once mil y seiscientos sesenta y ocho maravedís», como escrupulosamente indica nuestro autor un par de veces en su biografía.

Mientras estos papeles van y vuelven de Orán, aprovecha para dirigirse a Asturias, llegando a «mi natural patria, lugar de Urbiés, do había nacido», el 20 de enero de 1605,

> habiendo treinta y un años y medio que había salido de aquella tierra. En que solo hallé una hermana viva de tres que había dejado y cuatro hermanos con nuestros padres en salud. Y habiendo estado allí medio año poniendo en razón las legítimas de herencias, mía y de mis hermanos, en que pasaron largas cosas que son largas de referir aquí. Y, vendiendo el quiñón que de ella me tocaba, y mis padres me habían señalado y deja-

do, sabiendo siempre de mí que estaba vivo en Orán por medio de las cartas que yo enviaba a menudo encaminándolas al doctor Andrés Díez de Sarrapio de Aller, mi primo segundo, que fue treinta años canónigo y provisor de la santa iglesia catedral de Oviedo, que había solo un año era muerto cuando yo allegué. Y sacando certificación autenticada de mi nobleza de los padrones de la moneda forera y archivos del concejo de Lena, mi natural, me volví a la corte a Valladolid.

Con sus padres y todos sus hermanos menos una hermana fallecidos en las tres décadas transcurridas, ha llegado el momento de recibir su herencia en persona, y de vender después las tierras que le habían correspondido en el reparto familiar, aun estando tan lejos y sin regresar en tantos años, pues sus progenitores, en la hora de su muerte, sabían que aquel hijo que un lejano día marchó de las montañas en las que vio la luz aún seguía vivo, como demostraban las misivas que enviaba desde el otro lado del Estrecho. Son seis meses en Urbiés, verdes tierras que ya nunca volverá a contemplar con sus ojos, en los que, sobre todo, mueve los papeles necesarios para certificar su nobleza, aquella que citaba al principio de sus memorias —«habiendo yo nacido, como nací, de padres nobles»—, y que constaba en los citados padrones de moneda forera y archivos del concejo de Lena. De esta forma, Suárez pudo componer su propio escudo de armas, que utilizó para lacrar sus propias cartas, como demuestra su presencia, muy borroso ya pero aún con restos de cera, en una carta integrada en uno de sus manuscritos: un escudo dentro de una orla, en la que aparecía su propio nombre, y en el escudo figuraban dos torres almenadas, rematadas con dos águilas bicéfalas con las alas desplegadas, timbrado del morrión o celada, puesta de perfil, mirando a la derecha, con plumas y lambrequines de los colores del escudo.

Ya en Valladolid, Suárez presenta su manuscrito sobre el Maestre de Montesa al pariente de este, don Juan de Borja, conde de Ficallo y Mayalde, para que favoreciera su impresión, lo que no consigue al existir una normativa que prohibía publicar este tipo de obras profanas. Juan de Borja fallece en el verano de 1606, desapareciendo así su posible mentor, pero al menos logra libranza para recibir los atrasos de su sueldo en Orán, cobrando de momento treinta ducados a cuenta, justo cuando la corte se traslada definitivamente a Madrid. Los adeudos se le satisfarán por completo en mayo de 1607, lo que no era demasiado habitual en la época, y, lo más sorprendente, tras «hablar muchas veces al rey»: ¿sería cierto este trato cercano del soldado montañés con Felipe III, al que, incluso, refiere que llegó a entregar en mano una de sus obras, conteniendo advertencias para mantener Orán entre las posesiones de la Monarquía, un texto que imprime a su costa gracias a este cobro de su sueldo adeudado?

Después de ir pidiendo mercedes, sueldos y prebendas, en 1608 logra que se le asignen seis escudos de ventaja en Flandes, los cuales rechaza, quizá porque suponían el desplazamiento a un destino tan complicado o más como el oranés del que procedía, en el que tendría que batir las armas en un tipo de guerra muy diferente, a sus ya más de cincuenta años. Acepta por el contrario los doce escudos de entretenimiento al mes pagaderos en el reino de Sicilia que se le ofrecen, lo que supone que vuelva a servir como soldado en las posesiones mediterráneas de Felipe III, aunque ahora en el otro lado de sus riberas, encuadrado en alguno de aquellos tercios italianos que tanto menoscabó por inútiles para la guerra viva de Berbería. Para embarcar hacia su nuevo destino italiano se dirige a Cartagena, donde encuentra las galeras de Italia y España y en ellas embarcado el tercio en el que iba a encuadrarse en su destino siciliano, esperando este el momento de zarpar hacia Larache, enclave del Atlántico marroquí que la Monarquía deseaba anexionarse para evitar que cayera en manos del pretendiente marroquí aliado con el Turco. Por su conocimiento del terreno y su experiencia en la guerra africana, se intenta convencer a Suárez para que participe en esta empresa y así empiece a cobrar su sueldo desde primero de agosto de 1608, pero la prioridad para él es intentar publicar sus obras, en particular la relativa a la gobernación del Maestre y de su hermano, aunque pierda dinero. Tiene seis meses de plazo para embarcarse hacia Sicilia, según la cédula que se le ha dado, y aun con la alegría de reencontrarse en Cartagena con su mujer y su hija, que le traen el resto de los borradores de las obras que había empezado a escribir en Orán, se va a Alicante a buscar alguna nave privada que le lleve a Palermo, mejor que las galeras reales, y de allí a Valencia, donde se entretiene en conversaciones con su virrey, el marqués de Caracena, y con su cronista, el doctor Escolano, que aprueban su historia del Maestre, llegando este último a prologarla. El tiempo para presentarse en Sicilia se cumple y Suárez corre hacia Alicante, donde se embarca en un navío inglés el 1 de diciembre junto con su María de Velasco y su querida Michaela, además con otros dos cuñados, y por supuesto, con todos sus manuscritos. La mala mar que tuvieron en la travesía sería presagio de las calamidades que esperaban a nuestro Suárez en su nuevo destino.

El servicio en la isla italiana de la Monarquía gobernada por el duque de Escalona es otra espada de Damocles para el soldado-escritor. Destinado a la guardia de las marinas entre 1609 y 1612, «a causa de andar la armada y tercio de aquel reino, juntamente con el de Nápoles y Lombardía, con las galeras de Génova, ocupados en la expulsión de los moriscos», en las que no embarca quizá por su ya avanzada edad, se topa de bruces con la miseria: «me moría de hambre, porque nunca fui bien pagado de mi sueldo». Amargado por esta circunstancia, se refugia en la corrección de sus obras, llegando a copiar entera de nuevo la historia del Maestre, limpiándola de las «motillas» que le había referido el doctor Escolano en Valencia. En Palermo le ofrece su publicación a don Melchor de Borja, hermano del duque de Gandía, capitán general de las galeras de Sicilia, algo imposible, al estar este enemistado con el duque de Osuna, nuevo gobernador de la isla a la salida del duque de Escalona. Suárez consigue trasladar a Nápoles su entretenimiento en julio de 1616 gracias a la reforma general de entretenimientos y ventajas que se hizo en Sicilia, dejando atrás ocho años de servicios en Palermo y buscando una fortuna mejor al cabo de tantos años de servicio a la Corona:

> entendiendo que hallara allí mejoría, en que mucho más me hallé peor y mal pagado, y en muchas formas necesitado. De manera que todo el tiempo se me pasó en andar limosneando, pidiendo por Dios para comer un pedazo de pan, y aun eso no hallaba todas veces, demás de otras muchas miserias que son largas de referir aquí, todas causadas de los nulos, malos pagamentos en tiempo del gobierno del duque de Escalona en Sicilia, y del duque de Osuna allí y en Nápoles, y de sus sucesores, los cardenales Borja y Zapata, lo mismo del duque de Alba, que me dio licencia para salir de Nápoles y volver en España.

Las dificultades para sobrevivir y mantener a su esposa y a «su hija doncella que tiene pobre y por casar» no harían sino aumentar durante sus años de servicio en Nápoles, que realmente no sabemos cuántos llegaron a ser. De este período nos han llegado algunas cartas que escribe a diferentes personalidades de la ciudad solicitando el cobro de adeudos y préstamos para poder aliviar su extrema necesidad, como la que envía a Juan Benito de Santa María de Dios, quizá un fraile benedictino de la cercana abadía de Montecasino, misiva que, misteriosamente, se halla en su poder, entre sus manuscritos, aunque con su propio sello lacrado, como si hubiera sido preparada para enviarse pero, por alguna razón, el envío nunca hubiera llegado a producirse finalmente:

> yo y mis mujeres hacemos toda diligencia para cobrar los 92 y dos [sic] ducados que me restan en la libranza comenzada a pagar [...] entre tanto, tengo extrema necesidad de que sobre otra libranza de 150 ducados me empreste vuestra merced diez...

Como explica Suárez, fue don Antonio Álvarez de Toledo y Beaumont, V duque de Alba de Tormes, gobernador de Nápoles desde diciembre de 1622 y hasta 1629, a quien solicitó su licencia de regreso a España, la cual, al contrario que en el caso de su estancia en Orán, no se demoró demasiado, pudiendo fijar la fecha de su retorno a Valencia en algún momento indeterminado de este periodo de siete años, para no salir ya nunca más de esta ciudad. En la dedicatoria a Valencia que sitúa en el prólogo de su *Historia del Maestre último que fue de Montesa...*, y que escribe ya regresado de su periplo italiano, seguramente una de sus últimas apostillas a la obra que elaboró, copió y perfeccionó durante los últimos treinta años de su vida, Suárez explica:

> Y aunque yo soy nacido y antiguamente natural del Principado de Asturias, de Oviedo, planta y origen del reino de León, cuasi del territorio más apartado en España del reino de Valencia, he querido siempre bien a los nobles sus naturales, porque siempre hallé en ellos muy honrados términos en toda bondad y virtud de caballeros de los que conocí en Orán y en los reinos de Sicilia y Nápoles.

Esta afirmación corrobora su regreso a Valencia desde tierras napolitanas, y al emplear «conocí», en lugar de «he conocido», podría indicar un recuerdo algo más lejano que una llegada reciente procedente de las posesiones italianas de la Monarquía. En cualquier caso, no sabemos con exactitud cuándo pudo volver a Valencia acompañado de su familia, más allá de que debió ser a partir de 1623. Y es que, a diferencia del detalle con el que escribe todo lo relativo a su embarque hacia Italia, no hay constancia de datos referentes a la vuelta a esta ciudad levantina, quizá porque su vida tocaba ya su fin y se sentía demasiado cansado y desmoralizado para seguir haciendo anotaciones de corte cronológico en una obra que cada vez temía más que nunca iba a poder ver impresa en vida. En el prólogo de este texto sobre el gobierno del Maestre de Montesa y su hermano refiere como última anotación cronológica que pasó al reino de Nápoles en julio de 1616, y que Felipe III le confirmó su entretenimiento allí en noviembre de dicho año, «y conmigo traje el libro a Nápoles, donde...», frase después de la cual se corta la narración, interrumpiéndose las noticias sobre su estancia en este destino italiano y dejando media página de su libro en blanco. Nunca actualizó este prólogo, pero sí sabemos que su vida aún se prolongó durante algunos años, como él mismo escribe de su puño y letra en su texto relativo al sitio imperial sobre Argel:

> En semejante ocasión y coyuntura que esta no se puede dejar de mostrar lo que siente el autor de esta *Historia* como soldado viejo de cincuenta años de continua milicia, los treinta primeros en Orán y Mazalquivir, con la particularidad que consta de los recaudos que de ello tiene, a que se refiere, y los demás veinte años en los reinos de Sicilia y Nápoles gozando de su entretenimiento.

Si reducimos los treinta años de servicio en Berbería a los veintisiete que en realidad fueron, y añadimos los veinte de soldado en Italia, que probablemente tampoco fueron tantos para nuestro autor, siempre proclive a redondear cantidades *al alza*, es factible pensar que Suárez alcanzó a ver la luz del sol valenciano durante parte de los años 20 del siglo XVII, ciudad a la que llegaría en algún momento entre 1623 y 1629 con la mencionada licencia del duque de Alba, y donde quedaron sus manuscritos durmiendo un largo sueño de más de doscientos años. Entre las páginas de uno de ellos, al término del primer capítulo de su biografía, había dejado un hueco para rellenar una fecha que, finalmente, nunca completó, pues la muerte le alcanzó antes de que se acabara de imprimir:

> Y así, a esta causa de mi gran pobreza y costa que tenía de familia honrada, que siempre he sustentado, se dilató tanto tiempo de [blanco] años en sacar esta obra a la luz, desde primero de mayo de 1592 en que le di principio en Orán, hasta en el de 16 [blanco] en que se acabó de imprimir.

«Un montañés asturiano
sin letras ni academias»

Además de sus pertenencias personales, los manuscritos le siguen acompañando y él los renueva y reescribe continuamente. El manuscrito del gobierno lo deja completamente terminado, incluyendo noticias de su estancia en Valencia. Todos sus papeles se encuentran a su muerte en Valencia, pasando alguno de ellos a la biblioteca del conde de Cervellón, en concreto el referido al Maestre de Montesa, texto que junto a otros de su colección se integran en la BNE. Suárez asocia las dificultades de su publicación a la mala suerte, aunque habría que incluir un dato más para entender las reticencias de los Borja en emplear dinero y su reputación en la edición del manuscrito. Galcerán de Borja es destinado a Orán como un casi castigo, ya que su nombre había aparecido en una acusación de sodomía realizada por un garzón madrileño, además de que era el jefe de una de las banderías nobiliarias valencianas que en estos años están generando bastantes problemas a la Corona. A su salida del presidio, que en principio era provisional para arreglar asuntos personales, Miguel de Centelles se presenta ante el Tribunal del Santo Oficio, en mayo de 1574, acusándole de sodomía, además de haber establecido un sistema clientelar en el presidio de Orán que ha trastocado todo el modelo de ascensos al haber privilegiado a sus criados y amantes. Por desgracia no conservamos el proceso, pero se puede reconstruir por el resumen que se remite a Madrid y por cartas y escritos de partidarios y enemigos para aliviar la presión a la que se ve sometido. Después de un complicado proceso, será condenado en 1575 a 10 años de reclusión en el castillo de la Orden de Montesa, además de tener que pagar una elevada suma de dinero a la Inquisición. La situación de debilidad del noble será aprovechada por Felipe II para hacerse con el patronazgo de la Orden, la única que no ha sido obtenido por la Corona, lográndolo en una negociación muy sencilla por la enorme debilidad en la que se encuentra. Dos semanas más tarde de alcanzar lo que desea el rey, el 14 de octubre de 1590, le nombra virrey y capitán general del principado de Cataluña y los ducados de Rosellón y Cerdaña, restituyéndolo el honor perdido en el duro proceso inquisitorial y no volviendo a mencionar sus desviaciones sexuales y su comportamiento arbitrario perfectamente probado por el Santo Tribunal. Como resulta lógico, una biografía sobre su persona, titulada con la referencia a ser el último Maestre de Montesa, no era un texto que deseara ser financiado por sus parientes, lo que puede explicar las reticencias y el poco caso que le hacen cuando Diego Suárez va peregrinando dinero y favores para rememorar a un antepasado con un pasado tan complicado y mal visto por ciertos sectores de la sociedad.

Todos estos datos son especulaciones sobre la biografía de un hombre que siempre tiene en su cabeza a su tierra natal y el lugar donde ha vivido la mayor parte de su vida adulta. Dado que sus textos los fue retocando a lo largo de toda su vida, nos encontramos con un escritor-cronista que se sigue sintiendo incómodo por sus limitaciones culturales. Continuamente se disculpa por el texto que nos lega por su mal estilo y poca cultura:

> En que pido y suplico al prudente lector supla las faltas de mi estilo y lenguaje en consideración de que soy nacido en las montañas de Asturias de Oviedo, criado guardando ganado entre hayas y robles. Y trasladándome de allí en la Andalucía tres años y treinta en Orán, como he dicho en el prece[de]nte capítulo, ayudándome solamente de mi natural ingenio y estudio de otras muchas varias historias que siempre leía en el poco tiempo que me sobra[ba] del ordinario ejercicio de las armas, que allí nunca falta. Y así quise muchas veces dejar de continuar esta *Historia*, así por mi grande pobreza y poco lugar que tenía para escribir, como porque estuve dos veces a pique de la muerte en Orán, de adonde saqué sus borradores, como queda referido. Y con la referida poca ayuda de mi talento, la continué poco a poco en tiempo de [blanco] años.

Al mismo tiempo, nos demuestra que es un hombre completamente preocupado por el porvenir de estos asentamientos, como pone de manifiesto que pague de su dinero particular la edición de unos avisos en los que se presenta como:

Diego Suarez Montañes, de Asturias de Oviedo, Soldado, y vezino de las plaças de Oran en Africa, como leal y fiel vasallo de V. Magestad, le endereza y haze estos avisos de muchas cosas (que de no remediarse) podrá nacer mucho daño, y deservivio de V. Magestad, en aquellas plazas donde militó cerca de treinta años continuos, en que bien lo tiene todo mirado, considerado y consultado con prudentes Capitanes de aquellas plaças, y con otros de fuera dellas, y ansi siente debe en conciencia avisar a V. Magestad para que lo mande remediar con el tiempo, cuyas faltas y malos recatos no es razón, que por no guardar el decoro a las personas a quien toca dar de todo aviso, estén siempre por rmediar, y a grande peligro y riesgo de las plaças de V. Magestad, de que tanto le importan quanto ansi mismo el Soldado, sobre que primera y sumariamente haze avisado a V. Magestad, de que no tiene oy dia plaça en todo el ámbito de España, que mas le convenga zelar, y guardar, con la qual no tan solamente ampara y asegura toda la costa Meridional, y Occidental de España, su mar e islas.

Este compromiso con el lugar que ha servido durante tantos años desaparece en el mismo momento que vuelve a España en el primer lustro del siglo XVII, ya que no quiere volver a servir en el otro lado del Mediterráneo, no regresando nunca más a Orán desde que logra abandonar los límites de sus murallas del presidio. La publicación y la presentación del libro dedicado al Maestre de Montesa y la edición de los *Avisos importantes para la Magestad del Rey nuestro Señor, a cerca de algunos peligros y otras cosas a que se debe acudir con tiempo, en las plaças de Oran y Maçaelquivir... Todo ello averiguado, entendido y ordenado por Diego Suarez Montoñes* [sic], *Asturiano, soldado antiguo y platico en aquellas plaças y Reinos, de treinta años de milicia en ellos*, es el último gran servicio que presta a una ciudad a la que no desea volver en ninguna circunstancia, siendo su único objetivo lograr que la abandonen su mujer y su hija para que vivan con él en Italia y en España:

...al leal Soldado avisador le mande por su Real decreto y letra, honrar, amparar, y asegurar su persona de todo peligro, y hazerle la merced de que vuestra Magestad fue servido por ser pobre, y hijodalgo, y viejo de cincuenta y seis años de edad, y para el dote de una hija donzella que tiene, pobre y por casar, por no aver tenido el avisador su padre otras granjerias ni oficio, si solo servir a vuestra Magestad, con todo celo y voluntad, como su verdadero y fiel vassallo, a que se refiere y a sus papeles.

Se atreve a redactar varios poemas a lo largo su vida en los que se ensalza a sus hipotéticos patronos y, sobre todo, a su tierra natal. El más importante de ellos es el que lleva como título, texto que se encuentra en este volumen.

Todas las noticias que estamos refiriendo nos las facilita el propio autor en una obra que la mala suerte y los azares del destino impiden que logre publicar, tarea a la que dedicó la mayor parte de su existencia, tanto en su confección como en su intento de verla impresa, tema que se convierte en una auténtica obsesión. Este texto lleva como título *Historia del Maestre último que fue de Montesa y de su hermano Don Felipe de Borja, la manera como gobernaron las memorables plazas de Orán y Mazalquivir, reinos de Tremecén y Ténez, en África, siendo allí capitanes generales, uno en pos de otro, como aquí se narra*, documento que los redactores de estas páginas también logramos sacar a la luz, padeciendo ciertas dificultades y esfuerzos, en Valencia en 2005. La primera parte de la misma había sido editada cuando fue descubierta y publicada por Francisco Guillén Robles en Madrid, en la Sociedad de Bibliófilos Españoles, el año 1889, prometiendo el editor que concluiría lo que le faltaba en un segundo volumen que nunca vio la luz. Ambos textos proceden de un único manuscrito que se conserva en la Biblioteca Nacional de España con la signatura Mss. 7882. Este volumen comienza a ser redactado cuando pasa a residir en Orán después de alistarse en un banderín de enganche levantado en Ciudad Real en 1577. Aunque en alguna ocasión refiere que pasa a Orán para combatir a los musulmanes, como habían hecho sus antepasados astures para ir a luchar contra los musulmanes que ocupaban la península, su verdadera intención era enrolarse en los tercios que servían en las ciudades del sur de Italia, destino mucho más deseable y apetecible que el complicado mundo de Orán-Mazalquivir de la Edad Moderna. En realidad, este texto, junto el otro manuscrito que custodia la Biblioteca Nacional de España de Diego Suárez, *Historia de Berbería. Libro cuarto. Sitio imperial sobre Argel*, que tiene la signatura Mss 8594, pertenecen a una magna obra que se pasó toda la vida preparando y que ha sido catalogada en francés con el título de *Fragmens d'une Histoire d'Afrique*, que en la actualidad se conserva en los Archives Nationales D'Outre-Mer (ANOM), en Aix-en Provence, con la signatura Serie C. Archives Espagnoles (XVI-XIX s.) FR ANOM GGA CC-3. La diferencia entre ellos es que los dos primeros manuscritos están perfectamente preparados para ser publicados, contando con introducciones, dedicatorios, poemas, división en capítulos, etc., mientras que el tercero es una obra de mayor extensión, de la que extrae las partes que pretende publicar en las primeras décadas del siglo XVII:

> Después de inquirida y trabajada esta Historia de Orán, desmembrándola, como dicho es, de la General de aquellas plazas y reinos, para que hurté en todo tiempo que en aquellas plazas estuve el poco que me sobraba del ordinario ejercicio de las armas, porque, no embargante, nací inclinado a ellas en el Principado de Asturias, mi natural, y especialmente contra moros y turcos, enemigos de nuestro nombre cristiano.

En esta *General Historia…* se encuentra el capítulo más extenso y completo de la biografía del autor, que incluimos íntegro al final de estas páginas, ampliado casi hasta sus últimos días, lo que muestra que cuida sus escritos constantemente. En el se refiere los lugares que visita en los tres años que transcurren entre que huye de su casa de Urbiés y desembarca en la ciudad de Orán. Los últimos trabajos publicados sobre la obra de Diego Suárez, realizados desde la óptica de la literatura y de la filología, inciden en que la mayor parte de los relatos biográficos que incluye están referenciados para justificar su propia existencia en función de la obra que desea editar a lo largo de estos años (Adrián J. Saez, 2021, 18). Además de reseñar su origen asturiano con una buena dosis de hidalguía, de la que presume aunque nunca demuestra, también es un canto personal al cuidado de las buenas cualidades que tienen como soldado atento a sus funciones y al servicio de su rey: «Lejos de comenzar ordenando los pormenores de su ilustre árbol genealógico, el combatiente arranca su discurso con una reflexión sobre cómo moldea su *Historia* en los pocos ratos de ocio que le dan las armas. De acuerdo con esto, el protagonista inaugura su vida reivindicando su singularidad, ya que, en contraposición de aquellos camaradas que despilfarran las horas con el <endemoniado juego>, él prefiere escribir. Así y todo, Suárez Montañés aclara rápidamente que lo suyo es el mundo de la milicia. No en vano, su mayor aspiración es enfrentarse a moros y turcos, enemigos

del nombre cristiano». De esta manera hay que entender el segundo de
los sonetos que incluye en el texto donde historia la capitanía de los dos
Borja, en el que se auto loa como autor, aunque haciéndose personar
su limitado estilo:

OTRO DEL AUTOR EN SU DISCULPA

Famosas academias do la ciencia
vive entre los hombres con victoria,
suplid el torpe estilo de mi historia
prestando a su lenguaje grata audiencia,
que el ella hallaréis tal diferencia
cuanto va de fino oro a baja escoria.
Así quedaré ausente de gloria
dada por los doctos en sentencia,
por ser mi curso siempre en la atalaya
estando en viva guerra treinta años
en Orán, si acordarme dejan penas,
haciendo al enemigo estar a raya
y sufriendo trabajos muy extraños,
derramando oscura sangre de sus venas.

Cuando regresa a España después de su servicio en Orán se en-
frenta, además de a la lucha de un patrono que subvencione la edición
de su texto, a sus propias carencias como escritor y hombre de cultura.
En las autobiografías de la época suele ser frecuentes las peticiones de
disculpas al lector por las carencias intelectuales y estilísticas de estos
hombres. En el caso concreto de Diego Suárez estas peticiones de perdón
y consideración por las limitaciones de su estilo también se refieren a
su tendencia a redactar algunos de sus escritos en lengua antigua, o con
muchas palabras en el habla de Asturias, que es la que usó durante sus
primeros veinte años de vida.

Aunque yo, por la bondad de Dios, no traspuntaré en este político
estilo y lenguaje; antes pecaré de basto y tosco asturiano, donde nací y
mamé la leche hasta veinte años, trasplantándome de allí en la Andalucía
y en Orán otros treinta y más. Y no siendo ayudado de la latinidad, si
de solo el lenguaje militar, no podré dejar de ser notado por grosero y
mal acendrado, según que muchos bachillerejos curiosos, o por mejor

decir, envidiosos, notan la manera y forma de hablar del padre fray Juan de Pineda en el discurso de su *Universal Historia* [o] la *Monarquía Eclesiástica*, donde trae algunos vocablos antiguos asturianos y montañas de León, como si allí solo hubieran de ver sus obras. A cuyos naturales nos suenan bien aquellos nombres y no hallamos que impropositan [sic] el curso y narración de su flemática historia, si que antes la perfeccionan y acaban; empero, para los que no le entienden, es como hablarles en arábigo cerrado.

Cuando recorre Valladolid, León, Valencia y otras localidades buscando mecenas, sueldos, herencias y ver a los familiares que siguen residiendo en Urbiés nota más sus limitaciones culturales e intelectuales, lo que conlleva que reitere sus disculpas a los lectores. En realidad, justifica estas carencias al ser un simple soldado que intenta reseñar los acontecimientos de una manera sencilla y pegada a la realidad, alejándose de cuestiones retóricas que tergiversan la cotidianidad de la vida de los soldados que mantienen el doble presidio de Orán-Mazalquivir.

En que me es el cielo testigo cómo en todo es mi intención sana y limpia, con más ánimo de engrandecer que de ofender. En que húmilmente suplico a los sapientísimos lectores que lo que de esta obra no les agradare pasen por ello, supliendo mis defectos y estilo o mal lenguaje, como de un montañés asturiano sin letras de academias, que no hacen poca falta para dar gusto a la verdad de una historia. Y por ser ésta escrita con la lanza en una guerra tan viva como es la de Orán se le debe disimulación, contentándose todos con la sustancia de su discurso verdadero, que él sólo basta para darle perfección entera. Porque la verdad, ni que sea con groseras palabras dicha, su misma virtud da ornato a todas materias con ella escritas.

Lejos de avergonzarse de sus limitaciones estilísticas y falta de latinidades, Diego Suárez siempre se siente orgulloso de lo que es y de lo logrado después de toda una vida de servicio a la Monarquía en el duro y difícil presidio oranés. En su relato se pueden referir limitaciones estilísticas, o falta de referencias autores clásicos para realizar sus diversos escritos, como refiere reiteradamente, pero en ningún caso estas carencias invalidan los resultados logrados. Que pagara de su dinero los *Avisos* y su poema en el que refiere sus orígenes asturianos nos muestra el orgullo que siente de su lugar de nacimiento y de los logros alcanzados después de una vida de sufrimiento y de servicio. Nunca volvió a vivir en la parte más elevada del valle de Turón, pero sus paisajes, su cultura y sus recuerdos le acompañaron a lo largo de toda su existencia, como demuestra que lo recuerde constantemente en sus escritos, como también su lengua, sus palabras antiguas y las maneras de expresarse aprendidas en su mocedad.

Entre tanto que corrían en la corte estas pretensiones, hice imprimir en Alcalá de Henares dos obrecitas que en llano verso de canto había compuesto en Orán. La una de Asturias de Oviedo, de la elección de Pelayo por su rey, y una querella que las mismas Asturias proponen porque llaman a todos sus hijos de villanos, con una carta de consuelo que el mismo principado envía a Valladolid sobre la mudanza de la corte, todo en su mismo estilo antiguo de habla.

Discurso verdadero de la naturaleza, peregrinación, vida y partes del autor de la presente *Historia*

«El hombre que tiene ánimo y atrevimiento para tratar de vidas ajenas de otros, muertos y vivos, debe, antes que se meta en tan peligrosos trances, representar y mostrar la suya: quién es por sí mismo, su naturaleza de patria y sangre, discurso y carrera de la vida que ha tenido hasta la hora que sacó su obra a la luz, no recatándose ni escondiendo la verdad de oficio, puesto, ni trances altos ni bajos que haya tenido en su vivienda. Para que, de esta manera, su trabajo y obra sea más estimada de los prudentes lectores, que pocos gustan de los que en sus introducciones y prólogos venden grandezas mentirosas ni sin verdades.

Primeramente, fue mi nacimiento de padres nobles en medio del terreno del Principado de Asturias de Oviedo, sus montañas, en el concejo que nombran de Lena, que es en el paso entre las dos célebres ciudades León y Oviedo, natural del lugar más cimero del valle de Turón, que nombran Urbiés, feligresía de San Martín de aquel valle y Santa María de Urbiés. Donde nací en día domingo por la mañana, al salir el sol, primero día de mayo del año 1552, en cuyas montañas me crié y deprendí a leer y escribir. Y servía a mis padres hasta que me ausenté de ellos a hurto, en día domingo, que se contaban veinte y tres de mayo del año del Señor mil y quinientos y setenta y cuatro, teniendo veinte y dos años y veinte y dos días de edad. La cual ausencia no fue por necesidad que yo pasase ni mis padres tuviesen, sino porque uno de mis tres hermanos mayores, nombrado Pedro Suárez, me perseguía y quería mal. Y lo mismo por ver mundo me ausenté de mi patria, no parando hasta Valladolid, donde unos caballeros de armas, naturales de la villa del Pedroso, tierra de Toro, del reino de León, me recibieron por su criado, que iban al reino de Navarra, do estaba su compañía alojando.

Nombrábase el que me recibió por mozo Felipe Velázquez, con quien iban por compañeros de camarada otros dos del mismo lugar que eran hermanos, nombrados los Berganzas.

Salimos de Valladolid viernes que se contaban once de junio del dicho año. Y llegamos a Burgos domingo siguiente a catorce, donde vimos en el arrabal que nombran de Vega representar la venida en España por rey de ella del archiduque don Felipe de Austria, padre del emperador Carlos Quinto, primero de este nombre rey de las Españas. Y habiendo visitado el santo crucifijo que está en la iglesia del convento de San Agustín de aquel barrio, caminamos la vía de Navarra, pasando por Montes de Oca, Belorado, Nájera, Logroño, Santo Domingo de la Calzada, donde vimos asimismo el gallo y la gallina blancos del milagro que en aquel lugar sucedió con el inocente mancebo peregrino que injustamente allí ahorcaron. Y, entrando en el reino de Navarra, hallamos la compañía alojada en las villas [de] Valtierra y Arguedas, después en las de Caparroso, Olite, Tafalla y San Martín de aquel reino.

En que, viendo no era allá buena vivienda, me volví a Castilla pasando el río Ebro en Rincón de Soto. Y atravesando la serranía de San Pedro de Yanguas, Almazán, Soria, vine a Alcalá de Henares y a Madrid. Y de allí fui al Escorial, al tiempo que andaba la fábrica de aquel real convento de San Lorenzo a toda furia. Y allí me recibió el hornero mayor del rey para cerner harina con otros mancebos desbarbados como yo. Y estando allí acomodado, ganando dos reales cada día y el plato bueno, tuve noticia de que me andaban buscando mis deudos en Valladolid y Medina del Campo. Y porque si venían al Escorial no me hallasen, me despedí y alargué de allí con designio de [no] parar hasta la Andalucía.

Y pasando por la villa de Olías, dos leguas antes de allegar a Toledo, un clérigo viejo, nombrado Cuadros, me forzó a que estuviese con él en su servicio para gobernar unos palomares que tenía en Olías y en Magán. Y estando unos días con este amo le dejé, siguiendo mi pensamiento de pasar a la Andalucía. Y sin detenerme poco ni mucho en Toledo, pasé de largo, no parando hasta la ciudad de Baeza, donde me recibió el mismo día y hora en que allegué, viernes, a seis de agosto del mismo año 1574, un honrado labrador hidalgo nombrado Alonso Sánchez, que en este año tenía cargo de mayordomo de aquella ciudad, y fue el acuerdo con él de soldada doce reales cada mes. El cual tenía sus casas a la esquina de la calle de la Imagen, parroquia de San Andrés. La cual imagen, que es de Nuestra Señora, refrescó y renovó do estaba pintada, en una pared, este mi amo, estando yo con él, a causa de un público milagro que hizo con una hija suya nombrada Jerónima, niña de siete [u] ocho años que, cayendo de la [a]zotea más alta de la casa diez o doce estados, volando a la calle, delante de la misma imagen, no recibió daño ninguno.

Conocióme en Baeza un hombre asturiano de mi tierra que vivía en la villa de Canena, aldea de Baeza. En que, temiéndome de que escribiría a mis padres y vendrían por mí, me despedí y dejé este amo, no parando hasta la villa de Utrera, en la baja Andalucía, tierra de Sevilla, donde caí enfermo de calenturas y fui curado en un hospital que allí de nuevo se hacía, nombrado de Corpus Christi. Donde, siendo sano, aunque flaco y convaleciente, me volví a la villa de Marchena, lugar del duque de Arcos. Donde me recibió luego por criado un honrado hidalgo, rico labrador, nombrado Juan de Vega, que vivía en la parroquia de San Miguel, igualado por soldada de quince reales cada mes, para revecero, curador y pastador de treinta bueyes, quince yuntas reve[ce]ras que tenía en su cortijo, dos leguas de Marchena, do nombran Paterna, camino de Sevilla. Donde le traté y pasté muy bien este ganado, por ser aquel mi propio oficio en la Asturias: criar y regalar ganados.

Y habiendo estado cinco meses con este amo, se atravesó conmigo uno de los gañanes del cortijo, y por esto me fue forzoso dejar este amo, aunque contra la voluntad del aperador y mayoral de la hacienda, que me quería mucho por verme cuidadoso en todo. Y cobrando la soldada que se me debía, me fui a la ciudad de Arcos de la Frontera, tierra del mismo duque, donde luego me recibió otro labrador rico, nombrado Alonso García de las Casas, y su mujer, de renombre *La Natera*, los cuales tenían un hijo estudiante y una hija casada con un caballero en Jerez de la Frontera. Y fue la soldada otros quince reales cada mes para limpiar los olivares que tenían donde dicen Riofrío, Faín y La Rábita, estacadas nuevas que yo mismo ayudé a poner. Y estando en Arcos, me confirmé a tiempo con otra mucha gente, en que fue mi padrino un clérigo organista de la iglesia mayor de aquel lugar que nombraban Camas.

También, estando en aquel lugar, se me ofreció un gran peligro de muerte. Y fue que, saliendo de la iglesia de San Francisco, que está fuera de la tierra, la banda de Jerez, el Viernes Santo por la mañana que se contaban veinte de abril del año 1576, me recosté a dormir al pie de la muralla misma, cerca de la huerta del convento, donde una lagartija me dio tan grande fastidio, pasándome por [en]cima del rostro, despertándome dos o tres veces, hasta que me hizo alargarme de allí como treinta pasos. Donde, no hube bien acabado de recogerme al pie de un olivo, cuando la cerca de la huerta vino abajo, que por ser más gruesa y de tres estados de alta alcanzó a desgarrar parte de las ramas del mismo olivo a cuyo tronco tenía yo arrimada la cabeza, que reparó los ladrillos que aventó de forma que no me llegaron a hacer daño, y los demás se extendieron por una y otra banda, muy más adelante de mí. Y el soplo de la caída de la cerca de más de 60 pies de largo me aventó el sombrero que tenía sobre la cara, de adonde me levanté atemorizado, santiguándome, dando inmensas gracias a Dios, que me quiso librar de tal muerte por instrumento de una lagartija, que de entonces acá las quise bien.

Dejando este amo, me fui a Ronda, do entré con otro rico labrador, nombrado Juan del Río, que vivía en la placeta del estudio colegio de aquella ciudad. Y lo mismo para andar en un cortijo y heredad que tenía acerca de Ronda la Vieja, por soldada de otros quince reales cada mes. Y estando con este amo murió repentinamente a veinte de mayo del año 1576, estando asentado en una silla, mirando estibar lana en unas sacas para llevar a embarcar a Málaga. Tenía este amo tres hijos varones e hijas monjas. Y estando así con él caí enfermo de ciciones, y siendo curado en el hospital real de aquella ciudad, volví a recaer en él enfermo, donde los médicos me mandaron mudar aires. Y así me llevó el mismo hospital a su costa en una cabalgadura a la villa de Olvera, de adonde pasé a Osuna, en que a la sazón estaba un alcalde de corte haciendo justicia de gente de aquella villa, porque habían hecho cierto alboroto maltra[tan]do una compañía de soldados que se andaba levantando por allí, yendo de paso.

Y mandándome el mismo alcalde de corte desembarazar la tierra y alargarme de ella, me fui a Antequera, donde me recibió para su servicio un caballero nombrado don Pedro de Qualla, capitán del número, que vivía en un lugar nombrado Riogordo, tierra de Vélez Málaga, cerca de la mar. Y llevándome de Antequera allá, acordado por diez y ocho reales cada mes, me encargó con otro mayoral una manada de ovejas. Y enviándonos con ellas a la costa de la mar, donde nombran Bezmiliana, saltando los turcos corsarios en tierra una noche de allí cerca, se llevaron muchos cristianos cautivos de unas jábegas. Y temiendo de que otra noche no me llevasen también a mí, me despedí de este amo y también porque me comieron los lobos un asno del servicio de la manada, por lo cual no me quiso pagar nada.

Y me volví a la tierra adentro, sin parar hasta la ciudad de Córdoba, para tener noticia de mis deudos en Asturias de los asturianos que en aquel tiempo allí acudían a trabajar en las viñas de la sierra. Y no hallando quien me diese entera razón, y considerándome cansado de ver tierras y servir varios amos, aunque nunca me despidió ninguno de los que tuve, si que antes me doblaban la soldada porque no me fuese de su servicio, mayormente el de Baeza, Marchena y Arcos. Y habiendo tenido las fiestas de Navidad en Córdoba del dicho año de setenta y seis y entrada del de siete, salí de aquella ciudad con solos treinta ducados que llevaba en oro de lo poco que había ganado, yendo con designio de vestirme con ellos en Castilla la Vieja y volverme en casa de mis padres, amenazando a quien me había hecho desterrar.

Y pasando por Ciudad Real, Campo de Calatrava, hallé que se andaba levantando allí de nuevo una compañía de soldados con bando y voz para Italia. E importunándome el capitán con promesas de honrarme, me asenté por soldado en ella en fin de enero de 1577. Y andando alojando por La Mancha hasta en fin de marzo de este año, caminamos a Cartagena, donde, recibiendo una paga, nos embarcamos con otras cinco compañías en cinco galeras de la escuadra de España, de que era cuatralbo capitán de ellas don Francisco de Vargas, puesto por Gil de Andrada. Y saliendo del puerto de Cartagena, Viernes Santo, a cinco de abril de este año, enderezaron la vía de Orán, donde allegamos domingo de Pascua, a siete del mismo.

En que había ido orden de su Majestad para que toda aquella gente, que serían ochocientos hombres, sirviesen en las fábricas de las nuevas fortificaciones de aquellas plazas que el mismo rey Felipe Segundo había mandado diseñar por medio del príncipe Vespasiano de Gonzaga, virrey de Navarra y Vizcaya, su ingeniero mayor, pasando por su mandado en Orán fin del año 1574, en que se había perdido La Goleta y nuevo fuerte de Túnez. En cuyas fortificaciones de Orán trabajé con los demás gastadores tiempo de cuatro años, en que pasé muchos trabajos y riesgos de la vida que serían largos de poner aquí, de que algunos escapé tan maravillosa y milagrosa[mente] como en Arcos, lo mismo de un gran terrero socavado que mató trece hombres juntos en un foso que se andaba abriendo del caballero que nombran San Francisco de la nueva fuerza de Rosalcázar, donde se recogieron porque llovía mucho, por el mes de febrero del año 1579. Donde no fenecí yo también porque no me dejaron entrar en la solapa los que dentro estaban, pasando yo por allí, lloviendo. Y aunque más porfié, no fue posible darme lugar porque estaban jugando a la carteta encima de un albornoz tendido en el suelo. De adonde no me hube bien alargado doscientos pasos la vía de la ciudad, donde me recogía, cuando cayó el grueso terreno y balumbo de tierra sobre ellos haciéndoles torta, donde no escapó si uno de catorce que eran, porque se halló muy arrimado al pie del tajo del terrero que se iba socavando, sacando tierra para los terraplenes que se andaban levantando de la dicha nueva fuerza. Cuyos cuerpos sacamos de allí todos hechos pedazos, aplastadas las cabezas con el centro del cuerpo, que era grande compasión verlos y eran todos mancebos de poca edad.

En otros muchos peligros y riesgos de vida me vi en aquellos cuatro años que continué en las fábricas de las fortificaciones de aquellas plazas, ya cayendo de altos andamios abajo, ya cayendo junto a mí grandes pesos de maderas y canterías, y de otras formas, de que todo fue a Dios servido librarme. En cuyo tiempo tenía yo, asimismo, mis armas alistadas, pica y arcabuz, con que salía a las presas de cabalgadas con la gente de guerra y algunas otras ocasiones de arma, especialmente si se salía en días de fiesta, interpolándome entre la infantería, a que era más aficionado. Y así me pasé a servir en ella por el mes de abril del año 1581 en la compañía de quien era capitán Pedro Fernández de Guzmán, natural de Toledo, a quien sucedió en ello otro capitán, nombrado Francisco Hernández de Llerena, extremeño. En la cual compañía serví veinte y tres años continuos sin hacer mudanza, baja ni ausencia de ella, ni menos en los cuatro años primeros en las fábricas. Y todo con la puntualidad y particularidad que consta de sus recaudos que de Orán traje, cuyos principios, continuación y perfección de fábricas [y] fuerzas que en mi tiempo allí se levantaron, y lo mismo en lo tocante a los sucesos de guerra de aquellas plazas y reinos, precedente y presente de mi tiempo, se irá narrando en sus tiempos y lugares de esta *Historia*; testificando conmigo mismo lo que vi, manejé y anduve, asomando sustancial y sumariamente los demás trances y peligros de muerte en que me vi muchas veces con los enemigos, moros y turcos, en varios tiempos y ocasiones.

En cuyo tiempo de veinte y siete años puse todas las diligencias posibles para volverme en España, ya pidiendo licencia a los capitanes generales, ya a hurto y a escondidas en las naves y galeras que iban allí, donde siempre me iban a buscar y volvía a tierra. Y para que se me diese licencia a mi instancia, se enviaron cartas de recomendación y favor mío de Baeza a don Pedro de Padilla la segunda vez que en Orán gobernó, cuatro años continuos. Las cuales cartas solicitó en Baeza el amo que allí tuve de los deudos, madre y hermanos, de doña Catalina Bazán y Benavides, su mujer del dicho don Pedro. Y lo mismo después del conde de Luna y Benavente me enviaron mis deudos otras cartas para que el duque de Cardona y marqués de Comares, que en Orán sucedió a don Pedro de Padilla, me concediese licencia. Y con todo esto nunca se me dio por entonces, que era mozo en edad y fuerzas.

En que, viendo que no me aprovechaban nada todas estas diligencias, de aborrecido me casé en el año de 1588 con una honrada doncella nombrada María de Velasco, nieta e hija de los ganadores, primeros pobladores y defensores de aquellas plazas en los dos apretados sitios que en enemigo turco les puso, como a su tiempo se dirá. Tenía yo treinta y seis años, y ella diez y siete. Y con haber caminado yo por España, Andalucía y otras partes, estaba virgen, sin haber tocado a mujer ninguna, preciándome siempre en todo de limpieza, huyendo de las ocasiones que en esto se me ofrecían muchas veces, por ser yo de moderado talle y conversación honesta. En cuyo matrimonio, que no tuve otro, nos dio Dios una sola hija que, por nacer el día de San Miguel, de nombre se nombró Michaela Suárez y Velasco.

En este tiempo, siendo aquellas plazas y reinos a cargo del dicho duque de Cardona, marqués de Comares, en un cabildo y ayuntamiento general que tuvo en la iglesia de san Bernardino del hospital acerca del beneficio de él, por no ser yo jugador me encargó la sacristía y el ser escribano de aquella casa y guardarropa de ella y de los enfermos y heridos que allí se benefician, tomando en todo razón de ellos. Y esto con salario de veinte reales cada mes, pagados demás de los treinta y cinco de soldado ordinario que ganaba sirviendo solamente las guardias que me tocaban y me cabían de noche en las murallas. Y lo mismo salía a las jornadas de presas y cabalgadas cuando quería salir con la demás gente de guerra, no haciéndoseme jamás en esto fuerza ninguna a que fuese o no a tales y otras ocasiones.

Sirviendo yo de esta manera a su Majestad y aquella santa casa, por no perder el tiempo ni estar ocioso, me aficioné a escribir esta *Historia* de sucesos de guerra que han pasado en aquellas plazas de Mazalquivir, Orán, Argel, Bugía y en todo su reino de Tremecén antigua y modernamente. Sobre que fue mi motivo, sin tener género de gramática ni curso de ella, si solamente ayudado de mi natural ingenio, juntamente con haber considerado el estilo de algunas otras semejantes historias. Y así tomé la pluma en Orán para escribir esta en primero de mayo del año de mil y quinientos y noventa y dos, en que cumplía justamente cuarenta años de mi edad y diez y ocho que me había ausentado de casa de mis padres en Asturias, y a los quince que estaba sirviendo en Orán. Donde continué este trabajo inquiriendo y recogiendo relaciones de varias maneras y de diferentes personas de a boca y de memorias escritas. Y todo con grande curiosidad de la puntualidad del tiempo, día, mes y año que una verdadera historia requiere, según que luego, en el siguiente capítulo, diré esto más cumplidamente.

En que, teniendo recogidos cantidad de borradores para esta *Historia*, ciertos caballeros valencianos, nombrados don Pedro Vique, don Gaspar de Monsori, Nofle Capena y otros que en este tiempo se hallaban en Orán desterrados, me pidieron con instancia que desmembrase de la dicha *Historia General* que iba trabajando lo tocante de ella a don Pedro Luis Galcerán de Borja, último maestre que fue de la Orden de Montesa, y de su hermano don Felipe, que tuvieron las dichas plazas y reinos a su cargo tiempo de seis años. Y que de él y de ellos hiciese extremo y particular libro, como lo hice, entendiendo por este medio tener alguna ayuda para más presto acabar y poner en perfección lo demás restante de esta *General Historia*. Empero todo me salió al contrario, como luego diré.

Estando yo ocupado en este ejercicio y trabajo en Orán, prendióme el conde de Alcaudete, capitán general de aquellas fuerzas y reinos, por el mes de septiembre del año mil y seiscientos, por mala información y a instancia de uno de los capitanes ordinarios de Orán, que me tenía de secreto, encubiertamente, mala voluntad, mostrando serme amigo, en que no era, burlando el negocio del falso testimonio que me levantó para quitarme vida y honra si criminalísimo, haciéndome autor y electo de motín general contra el mismo conde. Empero, apurándome la verdad por justicia del auditor, salí libre de la prisión, en que estuve tres meses en una torre y cuarto fuerte de la misma alcazaba, palacio real de Orán, donde se aprisionan los capitanes. En que me entregaron a cargo del mismo alguacil mayor de Orán, nombrado Andrés Hernández, hechura del mismo conde, con quien pasaron largas cosas sobre mi defensa de noche, en que se me sacaban las confesiones, siendo el mismo conde y auditor los fiscales, a solas con un notario. En que solo tuve por procuradores y mis defensores la inocencia e ignorancia de lo que se me pedía y era imputado, y la voz y fama de mi buena vivienda y ejercicios, siendo juntamente mi defensor en esta ocasión mi confesor, fraile dominico, Alegio Holguín, natural de Orán, y lo mismo Gaspar Prieto, sargento mayor, y todos los demás capitanes, alféreces, sargentos, soldados viejos y alcaides de aquellas plazas.

Fue esta la primera prisión que había tenido en toda mi vida de cuarenta y ocho años que tenía, los veinte y seis fuera de mi natural, como es dicho en este discurso. En que, de averiguar mi proceder y vivienda en Orán, juntamente la manera y celo con que había servido a su Majestad, nació estimarme y hacerme merced el mismo conde de Alcaudete en Orán y después en la corte, favoreciéndome en mis pretensiones, como consta de sus billetes en mis recaudos, y otros muchos que no cobré y se quedaron en poder de los señores de [los] Consejos

[de] Estado, Guerra y Hacienda de su Majestad, a quien los envió en mi recomendación y ayuda.

Trabajé asimismo, en este tiempo en Orán, la sustancia de otros cinco o seis libros, uno con título de *Ramillete de Orán*, en cantos de llano verso, con un coloquio en quintillas entre dos soldados, uno de Italia, y el otro de la misma Orán y Mazalquivir, litigando sobre su milicia. Las demás obras: una cartilla militar del puntual soldado de la milicia española, en prosa; las obligaciones del buen alcaide, capitán o castellano que tiene plaza de rey, castillo o villa fronteriza a su cargo; otro libro de las obligaciones del hombre noble; otro de las grandezas de Asturias de Oviedo, juntamente con otras obras menudas en verso llano de cantos o romances que comúnmente nombran en España.

[Blanco]

Recogiendo de esta manera las sustancias de todas estas obras en borradores se me pasaron catorce años y más días, hasta los siete de abril de mil y seiscientos y cuatro, en que salí de Orán para España con licencia del referido conde de Alcaudete. Dejando mi familia, mujer e hija doncella en casa de sus padres, mis suegros, y otros deudos, me embarqué en las galeras de España en el día, mes y año referido, en que se cumplían justamente veinte y siete que había desembarcado en aquella playa en el de 1577, como se ha dicho, con otra mucha gente de que a Orán no quedaban diez hombres en aquellas plazas. Donde, conociéndoles yo a todos, unos se habían vuelto en España, otros a los moros y turcos, y otros muertos de varias maneras.

[Blanco]

Saqué de Orán ahora solamente acabada la *Historia* referida perteneciente al maestre de Montesa, dirigida a su deudo don Juan de Borja, conde de Ficallo y Mayalde, mayordomo que había sido de la señora emperatriz [blanco], con otras obrecillas mías menudas en verso. Y lo mismo unos *Avisos* pertenecientes a su Majestad, tocante a lo mal recatado de Orán y Mazalquivir y otras cosas a su real servicio. Y caminando para la corte, que estaba en Valladolid, pasando por la ciudad de Murcia, don [Alonso] Coloma, obispo de ella y Cartagena, me dio cartas de recomendación para don Pedro Franqueza, conde de Villalonga, secretario de Estado y del Consejo de Hacienda, y para Antonio Horlández, mallorquín, su oficial mayor.

Yendo de camino por la villa de Membrilla, en La Mancha de Toledo, para hacer allí probanza de la limpieza de la sangre de mi suegro, natural de aquel lugar, que quedaba en Orán, como es dicho. Y comenzando allí a hacer la dicha información, caí enfermo de dolor de costado en la villa de Manzanares. Y saliendo de allí con grande flaqueza, convaleciente, continuando el camino de la corte, pasando por Toledo, el arzobispo de aquella ciudad, don Bernardo de Rojas y Sandoval, cardenal de Roma y primado de las Españas, me dio cartas de recomendación para el duque de Lerma, su deudo, y para el conde de Alba de Liste, del Consejo de Estado y Guerra, para que me favoreciesen en mis pretensiones, en que no me sirvieron nada, como luego se dirá.

Allegué a la corte en Valladolid último día de junio de este año 1604, donde el duque del Infantado, viendo que venía de Orán y entendiendo la relación de mis servicios, me hizo dar cincuenta ducados de ayuda de costa del dinero de cámara propia, aunque la puerta de esto estaba cerrada en aquel tiempo. En pos de esto comencé luego a solicitar la cobranza del sueldo que en Orán se me quedó debiendo, por cuya certificación, que no llevaba, se me dio cédula real por Consejo de Guerra en veinte y uno de julio del mismo año 1604, refrendada de Esteban de Ibarra, su secretario. Y enviada en Orán la dicha cédula, a las espaldas de ella se me envió la certificación firmada del contador y veedor de aquellas plazas, con claridad de ciento once mil y seiscientos sesenta y ocho maravedís que se me restaba debiendo de mi sueldo.

Y antes de hacer demanda de ellos a su Majestad, salí de la corte en Valladolid para Asturias en primero de enero de 1605 y allegué a mi natural patria, lugar de Urbiés, do había nacido, jueves en la noche que se contaban veinte de enero, habiendo treinta y un años y medio que había salido de aquella tierra. En que solo hallé una hermana viva de tres que había dejado y cuatro hermanos con nuestros padres en salud. Y habiendo estado allí medio año poniendo en razón las legítimas de herencias, mía y de mis hermanos, en que pasaron largas cosas que son largas de referir aquí. Y, vendiendo el quiñón que de ella me tocaba, y mis padres me habían señalado y dejado, sabiendo siempre de mí que estaba vivo en Orán por medio de las cartas que yo enviaba a menudo, encaminándolas al doctor Andrés Díez de Sarrapio de Aller, mi primo segundo, que fue treinta años canónigo y provisor de la santa iglesia catedral de Oviedo, que había solo un año era muerto cuando yo allegué. Y sacando certificación autenticada de mi nobleza de los padrones de la moneda forera y archivos del concejo de Lena, mi natural, me volví a la corte a Valladolid. Y pasando de camino por la ciudad de León, me dio su ayuntamiento una carta de recomendación para su Majestad, cuyo original se contiene en el libro de mis recaudos de nobleza y milicia. Y allegando a la corte, último de junio de este año, dando la carta de León al rey, se remitió mi demanda al Consejo de Estado, que me señaló seis escudos de ventaja para Flandes, que no los quise aceptar.

Lo mismo, volviendo ahora a Valladolid, presenté la *Historia del maestre de Montesa* que había trabajado y traído de Orán a don Juan de Borja, su deudo, a quien venía dirigida, como es dicho, para que la amparase e hiciese ver e imprimir. Lo cual no se pudo hacer en aquella sazón y tiempo, en que había obstáculo en las impresiones de leyendas profanas.

Juntamente con esto, al mismo tiempo, comencé la solicitud de la cobranza de mi sueldo, de que se me dio libranza por Consejo de Hacienda, que montaban ciento y once mil y seiscientos y sesenta y ocho maravedís, siendo secretario de Hacienda Pedro de Contreras, y tesorero general Jorge de Tovar y García Mazo. Y cobrando en Valladolid treinta ducados a buena cuenta, se volvió la corte de allí a Madrid en la primavera y verano del año 1606, en que murió don Juan de Borja, a quien la historia de su tío, el dicho maestre de Montesa, estaba dirigida. Y por su muerte la encaminé al duque de Gandía, no cesando en todo esto la solicitud de la cobranza de mi sueldo que tenía librado y comenzado a pagar, para que hablé muchas veces al rey hasta que finalmente se me acabó de pagar por mayo del año 1607.

Entre tanto que corrían en la corte estas pretensiones, hice imprimir en Alcalá de Henares dos obrecitas que en llano verso de canto había compuesto en Orán. La una de Asturias de Oviedo, de la elección de Pelayo por su rey, y una querella que las mismas Asturias proponen porque llaman a todos sus hijos de villanos, con una carta de consuelo que el mismo principado envía a Valladolid sobre la mudanza de la corte, todo en su mismo estilo antiguo de habla. La segunda obra, intitulada *Espejo de nobleza*, de otros tres cantos en verso llano, en diez hojas de cuartilla. Que tratan, la primera, de la fidelidad y verdad que deben al servicio del rey los que manejan su real hacienda. La segunda, de una exhortación militar a los hijos naturales de la patria España en su defensa y buena guarda. La tercera, de una relación verdadera de todos los capitanes generales y gobernadores que había habido en Orán en tiempo de cien años, desde que se ganó de los moros hasta el año dicho de 1607.

Demás de esto hice asimismo imprimir ciertos *Avisos* pertenecientes a su Majestad, tocantes a lo mal recatado de las mismas fuerzas de Orán y Mazalquivir, y lo mucho que importan para la seguridad y sosiego de España y otras cosas de aquellos reinos de Berbería. De que todo me remito a algunas copias que en mi poder se hallarán impresas, de que di a su Majestad en mano propia y a todos los de[l] Consejo pleno de Estado y Guerra, enviando preferidamente una a Orán al marqués de Ardales, que le gobernaba.

Habiendo negociado las cosas referidas y hecho otras diligencias en Consejo de Guerra y Estado, en que se me dieron doce escudos de entretenimiento al mes en el reino de Sicilia. Y para ir a gozarlos salí de Madrid por el mes de [blanco] de 1608. Caminando a Cartagena, volví por la villa de la Membrilla a hacer probanza de la limpieza de sangre de mi suegro, natural de aquel lugar. Y allegando a Cartagena en los primeros días de agosto de este año, hallé allí las galeras de Italia y España prevenidas con gente de guerra para ir a ocupar la fuerza de Larache, en la costa de Berbería, del reino de Fez, la cual jornada no se acertó por esta vez.

Y antes de partir de Cartagena, vino allí mi familia de Orán, trayéndomela un cuñado de mi mujer, marido de su hermana Leonor de Velasco. Y asimismo me trajeron los papeles borradores de esta y otras obras comenzadas por mí a trabajar en Orán. Y de Cartagena me fui en Alicante a buscar pasaje de nave para Sicilia, teniéndole por mejor que en galeras, como fue. Y entre tanto que le había y avivaban los tiempos del mar para navegar sin peligro de enemigos corsarios, fui de Alicante a Gandía a buscar al duque con el libro de su tío, el maestre de Montesa. Y no hallando allí al duque, que estaba en la corte, pasé a Valencia, donde estaba por virrey don Luis Carrillo, marqués de Caracena. Y dirigiendo la *Historia* a aquella ciudad, la vio y aprobó su cronista, el doctor Escolano. Y habiendo menester tiempo para imprimirla, no se podía hacer con mi presencia, a causa de llevar la cédula real de mi entretenimiento el tiempo limitado de seis meses para presentarme en Sicilia, los cuales eran ya cumplidos y acabados de su fecha de [blanco] de marzo.

Y así, de Valencia me volví en Alicante, do me embarqué en primero de diciembre del dicho de 1608, llevando la dicha *Historia del Maestre* y los borradores de esta y otras obras, entendiendo que iba a descansar y tener lugar de acabarlas y ponerlas en perfección. Empero todo me salió al contrario, porque demás del trabajo del servicio de la guerra, me moría de hambre, porque nunca fui bien pagado de mi sueldo. Por lo cual y otras legítimas causas pasé mi entretenimiento de Sicilia en Nápoles, entendiendo que hallara allí mejoría, en que mucho más me hallé peor y mal pagado, y en muchas formas necesitado. De manera que todo el tiempo se me pasó en andar limosneando, pidiendo por Dios para comer un pedazo de pan, y aun eso no hallaba todas veces, demás de otras muchas miserias que son largas de referir aquí, todas causadas de los nulos, malos pagamentos en tiempo del gobierno del duque de Escalona en Sicilia, y del duque de Osuna allí y en Nápoles, y de sus sucesores, los cardenales Borja y Zapata, lo mismo del duque de Alba, que me dio licencia para salir de Nápoles y volver en España, como en todo me remito a mis papeles y otro libro de un discurso de mi vida que en mi poder se hallará, en que se narra todo más cumplidamente. Y así, a esta causa de mi gran pobreza y costa que tenía de familia honrada, que siempre he sustentado, se dilató tanto tiempo de [blanco] años en sacar esta obra a la luz, desde primero de mayo de 1592 en que le di principio en Orán, hasta en el de 16 [blanco] en que se acabó de imprimir.

He querido mostrar anticipada y sumariamente en esta *Historia* mi naturaleza e inclinación y curso de vida para enterar [a] los lectores de mis partes y vivienda. En que el curioso que lo quisiere saber y averiguar lo hallará así sin discrepar punto de la verdad, de que siempre me he preciado».

De la preparación y prólogo de esta *Historia*, circunstancias de ella. Capi. II

«Tres formas son de pinturas figuradas en el mundo con que los hombres sienten e imaginan las cosas. Que son, la primera, que usaron los antiguos por hieroléficas [jeroglíficas], mostrando las cosas por semejanzas; la segunda, pintándolas y procurando contrahacerlas, mostrándolas en paredes, madera, cuero, lienzo, para que se vean sus facciones y forma de lo que es o pasó; la tercera es lo que se pinta por escrito con letras y pláticas, que es la más amplia forma de pintar y significar las cosas de que se pretende dar noticia y especifica mejor el pensamiento del que las pretende mostrar y publicar, y no de tanto fastidio ni trabajo como las demás dos referidas formas de pinturas. Y como lo que pintan las letras se apercibe con el mismo sentido de la vista y también del oído, se imagina mejor en el entendimiento del hombre lo que dicen fue, es o será, especialmente lo que se dice por verdad, como yo doy esta *Historia* haciendo de ella un espejo o retablo a los españoles y demás naciones católicas, mostrándoles las cosas de este reino de Tremecén con que se entretengan y sepan lo que no saben.

Y así, les pido y suplico no tomen por trabajo ni fastidio ver este prólogo y demás capítulos de introito de esta *Historia*, porque dejar de dar razón de lo contenido en ella aquí, en su principio, sería quitarle su perfección, y quedaría a [o]scuras su prosecución. Y el poner al principio de cualquier leyenda la suma y sustancia de ella es animar y dar aliento a los lectores para quererse enterar de todo lo allí contenido. Y, queriéndose meter luego en lo especial de la historia sin entender primero bien lo que en ella se asoma y promete, es de hombres bárbaros, ignorantes más que idiotas, y dan a entender con su tibieza que no gustan de la obra ni la quieren leer de buena gana, en que, asimismo, muestran tener envidia. Y entrando de esta manera atropelladamente a leer obra que nunca leyó, es lo mismo que entrar en una casa de noche a [o]scuras donde nunca entró y sin llamar ni saber a la puerta quién está dentro. Y entrando para verla bien toda dentro, particularizando lo que en ella está, primero que entre debe mirar muy bien la portada y puertas y cerraduras de ellas, paredes, esquinas y techumbre, antes que entre a ver sus rincones y retretes.

Causa muchas veces esta tibieza de no querer ver muchas personas las entradas y principios de los libros no gustar del lenguaje y estilo de ellos, apeteciendo novedades y extrañas maneras de hablar, como muchos buscan para el estilo de sus composturas de poesía y prosa, sabiendo, como deben saber y entender, que los que componen y escriben libros semejantes a este deben correr con el lenguaje ordinario, vulgar, corriente, si es que en alguna manera quieren que den gusto sus obras a los discretos y prudentes lectores, y no traer en ellos curiosidades extraordinarias, nunca oídas. Aunque yo, por la bondad de Dios, no traspuntaré en este político estilo y lenguaje; antes pecaré de basto y tosco asturiano, donde nací y mamé la leche hasta veinte años, trasplantándome de allí en la Andalucía y en Orán otros treinta y más. Y no siendo ayudado de la latinidad, si de solo el lenguaje militar, no podré dejar de ser notado por grosero y mal acendrado, según que muchos bachillerejos curiosos, o por mejor decir, envidiosos, notan la manera y forma de hablar del padre fray Juan de Pineda en el discurso de su *Universal Historia* [o] la *Monarquía Eclesiástica*, donde trae algunos vocablos antiguos asturianos y montañas de León, como si allí solo hubieran de ver sus obras. A cuyos naturales nos suenan bien aquellos nombres y no hallamos que impropositan [sic] el curso y narración de su flemática historia, si que antes la perfeccionan y acaban; empero, para los que no le entienden, es como hablarles en arábigo cerrado.

También muchas veces causan estos errores las imprentas, que en esto se deben recatar de no discrepar de los originales. En que tal puede ser la errata en una historia que la descomponga y de malsonante a toda ella, como lo hemos visto muchas veces. Y otras causando malos sonantes y disonantes impropositados, con que se desagradan y quedan desabridos los lectores y desacreditados los autores, inculpables, a quien siempre se atribuyen todos los malos sonantes y tropezones de las leyendas.

Conócese asimismo, leyendo los principios de las historias, la general sustancia de ellas, su cierto o dudoso fundamento, la prueba de su verdad o falsificación, utilidad o impertinencia de tiempo perdido y malgastado en leerlas. Finalmente, todos los defectos, faltas y cumplimientos de las leyendas se ven y asoman luego en sus principios, con que se acreditan o desacreditan viendo sus asomos. Que debe llevar todo el lector bien decorado y entendido, hasta las erratas, si salieron y fueron notadas de la imprenta, para no andar después tropezando y dudando en estos errores, cuyos son, y ponerse en cuidado de lo que puede excusar y llevar bien entendido y decorado en la memoria. Por esto se notan y aperciben las erratas de faltas o sobras a las entradas y principios de las leyendas impresas, para que no se ignoren tales imperfecciones en el discurso de ellas, y no atribuyan el malsonante de ellas al estilo y pluma del autor.

Los buenos predicadores han de ser históricos tanto de las cosas profanas como de las divinas para, en muchos lugares que se les ofrecen, acotar y [e]jemplificar lugares a propósito, por ser, como son las historias, archivos y ver[da]deros registros de las cosas pasadas. En que, con título y nombre de historia está el texto de la Sagrada Escritura, y lo mismo la evangélica ley de gracia y vidas y martirio de los santos, a cuyas historias se da entero crédito por virtud de sus verdaderos y fieles autores, que santa y desapasionadamente escribieron.

Ni los capitanes y demás caudillos de guerra pueden ser experimentados ni prudentes no sabiendo nada de historias, modo y forma como fueron las pasadas guerras, sucediendo varia y diferentemente las cosas de como las llevaban pensadas e instruidas sus caudillos. Porque el saber la forma de lo pasado da siempre grande lumbre y advertencia a lo venidero que de fuerza ha de pasar por aquella forma y nivel. Y por medio de las historias se saben muchas cosas que no se sabrían sin ellas del valor e ingenio de muchos hombres y otros varios acontecimientos, que todo sirve de espuelas y luz para enderezar lo demás que irá sucediendo. Así lo dicen Marco Tulio Cicerón, Calixto y Nicefero [sic], que el hombre que no sabe de historias, cosas varias sucedidas en el mundo, siempre son niños ignorantes porque nunca saben más de aquello que oyen y ven delante, ignorando todo lo demás pasado memorable en varios tiempos, reinos y provincias del mundo. Y el hombre que lee y apetece de las historias es viejo temprano, aunque sea de poca edad, y tiene el medio camino andado para ser prudente. En que, siendo juntamente ayudado de alguna otra experiencia y curso de haber pasado trabajos y varias formas de trances por el mundo, la vendrá a tener por entero, ayudado, como es dicho, de lo que hubiere leído y o[b]servado en la memoria.

Por medio de las historias tenemos entera certinidad [certeza] de la creación del mundo y de las demás memorables cosas que Dios en él hizo, según las escribió Moisés, y de cómo se hizo hombre. Y mediante sus cuatro cronistas evangelistas sabemos las maravillas de milagros que nuestro redentor, milagrosa y patentemente, obró en este mundo, y la forma de su muerte, pasión, resurrección y ascensión a los cielos, y toda la demás doctrina que nos enseñó para nuestra salvación y libra[r]nos del infierno, poder del demonio. De manera que las verdaderas historias de las cosas pasadas son testigos de su certinidad y entera verificación, y lo mismo luz para atinar y adivinar las venideras. Son, asimismo, arcas y archivos de la memoria, mensajeras de lo antiguo, pronosticadoras de las cosas por venir y fundamento de la verdad y su registro, y maestras, guión de la vida, e incitadoras y desportadoras [reposadoras] de los ánimos y virtud de los hombres en conseguir e imitar el valor de los pasados. Por esta causa fue establecida ley en España que en las juntas y conversaciones de varones mancebos jóvenes, en sus juglares y aral los [heraldos] se contasen historias de guerras, y las letras de cantares fuesen de ella y hombres valerosos en armas para levantar los ánimos de los tales mancebos españoles en conseguir semejantes hechos famosos.

Demás de lo dicho, las historias y curso de ellas hacen a los hombres de poca edad viejos tempranos en experiencias y prudencia, y a los viejos que no han leído les conserva siempre en su niñez e ignorancia, pues siempre ignoran lo que oyen a los curiosos leídos. De ma[ne]ra que las historias perfeccionan los entendimientos de los hombres y lo mismo hacen las cosas de que tratan inmortales, aunque de su natural son caducas y padeceras [perecederas]. Y lo mismo acompañan y dan crédito y fuerza a las ver[da]deras tradiciones que sin letras se conservan de una en otra memoria, y nos ponen delante las cosas que pasaron no solo en nuestra patria muchos centenares y millares de años ha, si también las que pasaron lejos, en remotos y extraños reinos. Mediante las historias astronómicas sabemos la certi[ni]dad de la fa[c]ción del mundo, descripción de sus partidas, reinos, descubrimiento de ellos, montes, llanos, ríos, lagunas, mares, diferentes islas y navegaciones de ellos, sus espacios, costas y estrechos.

Las historias nos dan noticia de las monarquías y varios imperios que [ha] habido en el mundo, sus fundamentos, creación, [y] de aumentos, lo mismo sus declinaciones y caídas hasta venir en total perdición. Sabemos las fundaciones de muchas célebres y famosas ciudades, de la pérdida y ruina de ellas. Y lo mismo del valor y virtudes de los hombres famosos que hubo en el mundo, lo mismo la poquedad, malicia y bajeza de otros, la grandeza de unos reyes y príncipes pobres y encogimiento de otros. Lo mismo muchos varios sucesos y acontecimientos de guerras milagrosas, victorias, ardides, astucias, diligencias de valerosos capitanes y valor de soldados, y también de bárbaros gobiernos, de adversas jornadas y pusilanimidad de otros. Son, asimismo, las dichas narradas leyendas históricas las que [a]vivan, como es dicho, los ánimos de la juventud lozana a imitar y parecer [a] aquellos de quien se cuentan tales notables hazañas y demás cosas honradas virtuosas.

Así, por esta causa, siempre deben ser bien recibidas y estimadas las ver[da]deras historias, especialmente las que tratan de verdaderos sucesos de guerra, como esta contra moros y turcos, que se debe leer bien toda de raíz y primeros principios. Y no, como muchos mal curiosos lectores tienen de costumbre hacer, entrándose luego en lo especial de las historias que leen, sin hacer caudal ni cuenta de sus prólogos y sumas en que se sustancian y los autores se muestran quién son y celo que les mueve a escribir tales historias, asomando y mostrando, asimismo, la virtud y sustancia que de ellas se puede sacar. En que todo, finalmente, se torna lumbre para mejor entender adelante lo demás especial de la historia, por no ir en ella dudando ni tropezando en las cosas que al principio, en general y en particulares argumentos, se declaran. En que viniendo bien enterado el lector en la prosecución e hilo de la historia de los advertimientos de su principio, no se le ent[i]erra ni pera [apea] el gusto apetecedor que lleva en la leyenda, y entender la historia, su lenguaje y estilo. En que es cosa muy de sentir que los hombres trabajen y gasten sus haciendas y tiempo, dejando de tener otros oficios y granjerías de más provecho, por escribir historias de vidas ajenas, y que los demás hombres no las estimen ni quieran ver. Extremo grande y extraño temor que, pues leerlas ni aun verlas quieren, menos se trabajarán de inquirir las materias de ellas ni escribirlas y ponerlas en estilo, como hicieron muchos hombres virtuosos que por este medio dejaron eterna fama de sí en el mundo, como Quinto Curcio escribió las hazañas de Alejandro Magno, Tito Livio y otros romanos las guerras y demás cosas de su república e imperio, y Salustio de las competencias de los reyes de África Jugurta, Masenisa y otros.

[Blanco]

En nuestra España, mayormente siempre nos han dado noticia de sus antigüedades y guerras hombres doctos eclesiásticos, especialmente prelados, como parece en Paulo Orosio, presbítero de Tarragona; San Isidoro, arzobispo de Sevilla; [al margen, san Plidonso [Ildefonso], arzobispo de Toledo]; San Máximo, obispo de Zaragoza; Tácito, obispo, escribió la pérdida de España y principio de los reyes de Asturias. Lo mismo hicieron un obispo de Badajoz, Sebastián de Salamanca; Juliano y Pelayo, obispos de Oviedo; Isidoro, que nombran *el Mozo*, obispo de Béjar, en Portugal; don Lucas, obispo de Tuy; don Rodrigo Jiménez, arzobispo de Toledo; don Alonso de Cartagena, obispo de Burgos; el obispo de Gerona, en Cataluña; fray Antonio de Guevara, obispo de Mondoñedo.

Lo mismo uno de nuestros reyes de España, nombrado don Alfonso *el Sabio*, o[c]tavo de este nombre, que asimismo goza de renombre del astrólogo, se quiso ocupar en ser cronista de España y todo el mundo y en recopilar y fundar leyes del derecho, y de una representación de lo[s] hechos honrosos e ignominiosos, poniéndonoslos delante con advertimiento y aviso de lo que les sucedió mal acertado, para que en semejantes trances y ocasiones sepamos gobernarnos y guiar, guardándonos de no caer en tales tropezones, y en lo feliz, próspero, sigamos sus pisadas. Finalmente, enseñándonos estos extremos de lo bien y mal acertado en las guerras.

Y acerca de esto, no puedo dejar de referir aquí un punto ejemplificado que me pasó en Orán, siendo estas plazas a cargo de don Gabriel Niño de Zúñiga, que sucedió a don Diego Fernández de África y Córdoba, marqués de Comares y duque de Cardona, a 24 de agosto de 1594. Y fue que, saliendo el dicho don Gabriel de Orán a hacer una presa de cabalgada a los campos de Teleguin, a doce leguas de Orán derecho a la tierra adentro por su meridiano, estando en la celada, día de San Andrés del año 1595, a ocho leguas de Orán sobre el río de Maquerra, donde los moros nombran el Fard y por otro nombre Bent Ifre, do están unos edificios de población que allí hubo de escuelas arábigas, estando allí de celada en una ramblilla de la corriente de la fuente de aquel lugar, no cesó de llover en todo el día. Y con todo eso, queriendo el dicho don Gabriel pasar adelante, llamó a consejo a los capitanes, cuyos pareceres no conformaran. En que los más votos a su contemplación era que pasase adelante a hacer la presa, dejando allí el bagaje con la gente más inútil y cansada, pasando con la suelta al efecto, para que de fuerza se había de pasar de ida y vuelta el dicho río de Maquerra. En que, viendo yo la determinación de los codiciosos capitanes y caudillo, me opuse contra ellos. Aunque un pobre soldado, quitándome la montera de la cabeza, dije:

—«Ni por pensamiento no conviene pasar adelante, si que nos volvamos luego desde aquí a Orán, porque no nos suceda lo que sucedió al rey don Alonso séptimo, que goza de renombre de emperador».

Y preguntándome don Gabriel y capitanes qué le sucedió, les referí la historia en suma de que me acordé allí había leído, en la forma siguiente:

—«Entre otras muchas entradas y correrías de guerra que personalmente el dicho rey hizo en la Andalucía, refiere su historia capi. 34, que por el mes de mayo de la era 1176, que venía a ser del nacimiento de nuestro redentor 1138, salió el dicho rey de Toledo con un poderoso ejército de guerra, y pasando a Sierra Morena, asentó su real junto al río Guadalquivir. Y desde allí envió parte de su gente a correr, a talar y quemar y saquear la tierra de Jaén, Martos, Baena y Cabra, de adonde vinieron con grande presa de cabalgada de moros, ganados y otras riquezas. Y volviendo a donde estaba el emperador de la parte de Castilla a Sierra Morena, allegando una tarde, no pasaron el río a juntarse todos, durmiendo el ejército dividido aquella noche, en que llovió grandísimamente en las sierras de Segura y Alcaraz y demás tierra de la Alta Andalucía. De manera que crecieron con grande avenida los ríos Guadalimar y dicho Guadalquivir, que viniendo ya allí juntos parecían mar lleno de borde a borde de sus cordilleras y canal. Y amaneciendo de esta manera el día siguiente, los moros, que en seguimiento y a la mira de los cristianos habían venido, viéndoles divididos de manera que no se podían socorrer unos a otros, avisando a los demás de Jaén, Martos, Alcaudete, Baena, Cabra y Castro el Río, acudieron todos de presto. Aprovechándose de la ocasión y tomar venganza de quien les había ido a hacer daño, acometieron de improviso a los cristianos. Se trabó una sangrienta y porfiada batalla. Empero, como el peso de los enemigos era grande, viniendo cargando cada vez más, hubieron de perecer y morir todos a vista del rey y demás ejército de la otra parte del río sin que les pudiesen favorecer si no era con voces, animándoles. Y así murieron, vendiendo todos bien sus vidas, y algunos ahogados aventurándose a pasar a nado. Y con este infelice y adverso suceso se volvió el dicho rey para Toledo, de donde había salido».

Sobre esto añadí:

—«Vea vuestra señoría y demás capitanes presentes, que creciendo el río de Maquerra, como de fuerza crecerá con estas generales y continuas lluvias, no le podremos volver a pasar y apenas ahora hacia [a]llá a hacer la presa. En que deben considerar que cuando allegamos esta mañana a tomar esta leda [sic] no llevaba esta corriente, si la agua de su fuente. Y ahora, con este término de corriente que tiene, va lleno, que no le puede un hombre vadear. Muy bien estaremos», –dije–, «con las pocas fuerzas divididas de aquella y esta otra parte del río de Maquerra si los enemigos cargan sobre nosotros o a todos al mismo tiempo; muy bien nos socorreremos e incorporaremos y más estando, como estamos, a ocho o nueve leguas de Orán, y dejando, como dejamos, aquellas plazas solas».

—«Bueno está», –respondió don Gabriel Niño de Zúñiga–. Y volviendo la cara a los capitanes, preguntó:

—«¿Qué soldado es este escogido de cabo de los ordinarios de Orán?»

—«De Orán es», –dijeron–, «y oficial nunca lo ha pretendido ni estimado, preciándose siempre más de soldado que de capitán».

—«Así lo parece, lo que es más extraordinario que ordinario», –les dijo don Gabriel–, «pues cabe en él lo que no en vosotros. Pues, alto, vuelta para Orán».

En cuyo viaje y noche toda no cesó de llover, atravesando lagunas, pantanos, la agua a la cintura, mojados todos tanto las camisas como la ropa de más afuera, lo mismo las municiones de pólvora y cuerda. De forma que si adelante pasáramos a hacer la jornada como los capitanes y codicioso caudillo decían, fuera milagro volver hombre de nosotros a Orán. En que en otras muchas semejantes ocasiones me he opuesto públicamente a los capitanes en campaña, contradiciendo sus determinaciones y pareceres, que sería prolijidad referirlas todas aquí; en unas ejemplificando, como la pasada referida, y en otras discurriendo de mi cabeza, según que todo consta en los papeles de mis servicios de Orán a que me refiero, donde los mismos capitanes lo dicen y confiesan.

[Blanco]

Tanto como todo esto y mucho más es la virtud, utilidad y aprovechamiento del estudio de las verdaderas historias; que con ser, como es, poca noticia la que nos dan de las cosas pasadas, la tuviéramos muy menos no habiendo leyenda ninguna de ellas en el mundo, en que viviéramos en grande oscuridad e ignorancia de lo pasado, así cómo y de la manera que ignoramos lo que no ha pasado ni sucede en el mundo y de lo que no se escribe, que sin comparación es mucho más que lo que anda escrito, de que tenemos noticia. Y si esto nos faltara totalmente nos pudiéramos tener por bestias, como los negros de la Etiopía y otras muchas naciones del mundo, que no saben más que nacer y morir como animales.

En las primeras edades del mundo no había tan preciadas escrituras como eran las historias de los heroicos y famosos hombres pasados que en armas y otras virtudes se habían señalado. Empero, en nuestros tiempos presentes, son pocos los que las estiman ni aprecian de quitar tiempo en leerlas ni saberlas. Y aun lo peor, que es que muchos las tienen en poco y por obras de romandetas [sic], siendo, como son, obras que verdaderamente importan mucho a la república cristiana y a quien se debe dar entera fe y crédito. Porque demás de que tratan y dan entera noticia del valor y honras de los hombres muertos y vivos, despiertan y levantan, como es dicho, de justicia y otras cosas virtuosas y útiles que sirven en nuestra España, donde todos nos dejaron asimismo grande lumbre de las cosas antiguas. En que si ninguno no las escribiera, no tuvieran noticia de ellas, quedando sepultadas en las cavernas del olvido.

Es verdad que muchos otros cronistas de regadío, queriendo contrahacer el estilo y lenguaje de estos antiguos, corrompen el hilo de la verdad, de manera que se va oscureciendo y perdiendo de mano en mano, quedando en lugar de ello la falsedad de la mentira, tanto que si en nuestros tiempos milagrosamente volviesen a este mundo los hombres famosos de quien se escriben semejantes historias que a ellos mismos les pasaron, no tan solamente no entenderían nuestro lenguaje, si que tampoco hallarían señal ni rastro de la forma como aquello les pasó.

En que es verdad que Ambrosio de Morales, moderno, fiel y ver[da]dero cronista de nuestros tiempos del rey Felipe Segundo, escribiendo generalmente de las antigüedades de España, ayudándose de los referidos y otros autores pasados de ella, se queja grandemente de su mucha brevedad. En que solamente asoman las cosas y no siendo puntuales en el tiempo de lo que escriben, notando unos solamente el día de la semana en que sucede la cosa de que trata, y no el mes ni el año; y otros el mes y no el día ni el año; otros el año y no el tiempo de él; otros poniendo la era de César por el de la Encarnación y nacimiento del Señor; otros el del Señor por la era, y otras muchas semejantes dudas y tropezones que dice halló en los originales y copias de los dichos autores.

Y así, en el principio de la recuperación de España, para certinidad del tiempo se favorece de los privilegios que dan los reyes y de otros semejantes ciertos medios para su narración, fidelidad y puntualidad de que se precia. Y allí se muestra qué trabajo fue la causa de que, después de la pérdida de España, no escribieran de ella hombres seglares, si solamente prelados y otros religiosos, porque estos solos tenían lugar de tomar la pluma, andando los legos siempre ocupados en sus labores de cosechas y con las armas ordinariamente en las manos, ya defendiéndose de los moros, ya ganando y cobrando de ellos algunas tierras. Y demás de esta causa, había en aquellos tiempos muy pocos hombres en España que supiesen leer y escribir, ni tenían ingenio, historias, ni curaban de ello con los demás cuidados y prisas en que vivían, no embargante que siempre el deseo y la voluntad de los hombres es apetecer engrandecer sus nombres, dejándoles eternizados con fama honrosa en el mundo. Esta agonía destierra y saca a los hombres de sus naturales y patria, dándose unos a las armas, otros a las letras, en las guerras vivas y universidades célebres. Y cuando, fuera de esto, nuestros españoles se huelgan de saber las cosas de guerra acontecidas por el mundo, con mucha razón se deben holgar de saber y entender las que hacen y manejan su misma nación, pasados y parientes, en Orán y reino de Tremecén con moros y turcos, totales enemigos del nombre cristiano.

En que, queriendo yo, pues, amigo lector, en alguna manera satisfacerte en esto, trabajé con este pensamiento esta *Historia*, en que hallarás narrada la general descripción de todo el reino de Tremecén, su excelencia, fertilidad y poblaciones antiguas y modernas, moros y turcos que le poseen, con todo lo demás memorable de guerra que antigua y modernamente en nuestros tiempos, próspera y adversamente, pasó con los dichos enemigos. Aunque es cosa peligrosa escribir y sacar a luz semejantes historias de tiempos presentes a la faz y vista de los mismos hombres de quien tratan, y de sus hijos y nietos, en que cada uno pretende ser engrandecido y estimado, y por mucho que se encarezca y se diga bien de él no queda contento. Y por el consiguiente, el que tiene algo feo que le disimulen, por ligeramente que lo toquen y asomen, siempre queda quejoso, contradiciendo al autor, tratándole de apasionado.

Habiendo costado, como costó, tan caro España cobrarse de poder de moros, de cuya continua conquista nacieron las noblezas y caballerías que hoy poseen sus naturales, no es razón que suenen mal ni se qui[e]bre el hilo y antigua voz de su conquista de guerra contra moros, nombre mahometano. Ni que las demás guerras civiles que los españoles han tenido en la Europa, en Italia, Francia, Flandes y otras partes, interrumpan y oscurezcan esta gloriosa conquista contra el nombre mahometano, pasando detrás de ellos de España en África, ocupándoles sus marinas y los más lugares de ellas, do se las manti[e]ne la guerra, especialmente en Orán y Mazalquivir, cabeza de todas las demás plazas que la Corona de España tiene en toda aquella costa de Berbería de los reinos [de] Tremecén, Fez y Marruecos. En que tienen ya los naturales de España olvidadas estas reliquias y curso de guerra contra moros, como si los tuvieran desviados de sí mil leguas, estando, como están, delante de sus ojos, y meridional margen de sus marinas, molestándoles cada día.

En que es cosa justa que nuestros españoles sepan y tengan bien decorada la continuación que [ha] habido de guerra contra moros, de que, como es dicho, nacieron sus caballerías, pre[e]minencias, señorío y noblezas. Y nacieran muchas más si la real casa de España no aparentara fuera pío porque se aumentaran, aumentando y ampliando sus señoríos en la África y Asia, donde ya hubiera cobrado la Tierra Santa demás de lo que ha ocupado en Oriente y Occidente, que dicen el Nuevo Mundo. Lo cual atajaron, como es dicho, las parentelas con los príncipes forasteros y alteraciones de sus tierras.

Parecióme que podrá en alguna manera ser esta *Historia* de provecho para la conquista que España debe hacer de estos reinos mauritanos, sus vecinos, a la vista y quicios de la puerta, experimentado y entendiendo por medio de ella su fertilidad, trances y sucesos de guerra que en estos reinos han pasado con los dichos infieles moros y turcos que les poseen, para que, por este medio, sus conquistadores se aprovechen y tomen algunos ejemplos de mi trabajo para acertar lo venidero que se les ofreciere de guerras y paces. En cuyo trabajo gasté mucho tiempo; quité y hurté el poco descanso y sustento que pertenecía a mi persona, y costeando de mi pobreza mucho papel en borradores, quitándolo de mi sustento. En que si yo tomara a cargo otra cualquier historia fingida y mentirosa no me saliera tan cara de trabajo, porque con la primera imaginación y traza de mentira podía continuar la quimera historial empero, como es obra verdadera a los ojos y faz de tantos testigos, es necesario el recato en el discurso de ella. La cual tomé a cargo sin género ninguno de pasión, para dar ni quitar a ninguno lo que le pertenece y toca en todo lugar y forma, tratando la verdad, la cual es de su natural cosecha tan honrada y noble que por sola su virtud satisfará a todos, y lo mismo perfeccionará y adornará el estilo y lenguaje. Mas con todo eso, diferentemente se debe recibir y estimar esta *Historia* que las otras que son de mentiras y patrañas más que impertinentes leyendas, como

El caballero del Febo, Olivares de Castilla, Olivante de Laura, Artús de Algarve, El conde Partinuplés [blanco], *Don Quijote de la Mancha, El pícaro,* y *La pícara* y otros muchos semejantes libros. Que, a lo menos, se deben prohibir el título que tienen de historias, injuriando grandemente a las que lo son ver[da]deras, queriéndose asentar las mentirosas en su cátedra y posición, como muchos ignorantes las ponen y estiman en tanto y más que las verdaderas, gustando más de ellas.

Pidiéronme algunas personas poetas los borradores de esta *Historia* para ponerla en verso de octava rima, y aconsejándome la escribiese en este estilo, ofreciéndome ayuda para ello. Empero no lo permití ni admití su parecer, conociendo que el estilo de la poesía en verso no solo desacredita la verdad si que interrumpe el hilo de la historia, aplicando en ella cosas que no le pertenecen para hacer las concordancias de los sonantes, que suenan mejor en prosa. Que, aunque vestida de sayal como esta mía, el olor y sabor del fruto de la verdad le basta [para] perfeccionar y adornar. Y también por tratar, como trata, de cosas tan cercanas, vecinas de España, no de las Indias orientales y occidentales ni otros reino[s] remotos, si de la septentrional costa de África, a la cara de España.

En que siendo, como es, Orán el principal y más que caudaloso presidio de todos los que tiene y ha tenido en ella la Corona de España, a la cara y freno del nombre mahometano, moros y turcos, donde últimamente se ha quedado [a] sus límites y fronterizos mojones contra los dichos enemigos, que no sin grande misterio los puso allí el famoso prelado de la toledana iglesia fray don Francisco Jiménez. Porque, así como la silla de Toledo es la matriz de todas las demás de España, quiere Dios lo sea asimismo Orán, ganada a costa de sus expensas y misma persona del prelado con grande riesgo de su vida, y guía, baluarte, cabeza y matriz de todas las demás fronteras de plazas que España tiene contra sus antiguos enemigos los moros. Y donde más menester sean las armas y manos por suceder, como de ordinario su[ce]den allí, varios trances de guerra, próspera y adversamente, con los dichos enemigos por quedar, como ha quedado, sola mayormente, a baluarte y cara de ellos, por haber perdido España las demás que ha tenido de la parte de su levante, que las ocupó en Turco en esta forma:

El señorío de Argel y castillo guarnecido que allí tenía lo tomó año de 1515, habiendo sido fabricado y guarnecido en el de mil y quinientos once.

Bugía se ganó en el de 1510 y se perdió en el de mil y quinientos y cincuenta y cinco.

Tripol de Berbería se ganó el dicho año de 1510 y se perdió en el de 1551.

La Goleta se ganó año de 1535 y se perdió en el de mil y quinientos y setenta y cuatro, como todo más copiosamente se apuntará a su tiempo en esta *Historia*, y otras dos plazas que se han dejado y desmantelado en la dicha costa, que fueron One y la ciudad de África. De manera que, con haber sido Orán inmediata plaza de las de la costa de Berbería por el meridiano de Cartagena, quedó sola y la más oriental de las demás que España tiene en ella, por baluarte y rodela de los belicosos turcos de Argel y sus alcaidías, acompañada solamente de su fuerza de Mazalquivir, compitiendo cada día con el dicho Turco y moros de aquel reino de Tremecén y los demás, reparando estos golpes y conquista a todas las demás plazas contenidas de allá a poniente: Melilla, el Peñón, Ceuta, Tánger, Larache, La Mámora, Mazagán.

Y siendo Orán ganada por el dicho santo prelado y puesto allí la áncora de la fe católica y nave de San Pedro de su mano, ha permanecido allí hasta ahora sin que los enemigos la hayan podido ocupar, aunque más calamitosos sitios le han puesto dos o tres veces, y tratos y asechanzas han buscado para ello en varias formas. En que siendo como esto es así, justa cosa es que sea allí el tema y silla de esta *Historia*, donde la comenzó a escribir y trabajar, trayendo e ingiriendo en ella todo lo demás sucedido en aquel reino, siendo siempre preferido en la *Historia* lo perteneciente a Orán y Mazalquivir, como a la raíz y tronco de ella. Y lo demás de sus ramas, reinos de Berbería, irá apuntado para [a]diciones, con lo demás memorable de otros reinos remotos.

Y siendo Orán donde mayormente se han mantenido las reliquias de la guerra contra moros desde que España se acabó de cobrar de ellos, así es razón que tenga noticia toda la cristiandad de ella y sus sucesos prósperos y adversos, entre tanto que las armas y sus reclamos de guerra, cajas y tromp[et]as de España entren victoriosas, ocupando lo demás de los dichos reinos de Berbería. Y siendo la guerra de Orán tan honrosa contra el común enemigo, nombre mahometano, no es razón quede su memoria olvidada, si que se entienda y sepa por todo el mundo, así por ser, como es, esta guerra el remanente y reliquias que a España le ha quedado de esta voz contra moros, de que nació su nobleza y órdenes militares, como porque es importantísima plaza para seguridad y quietud de las marinas de sus reinos. Y lo mismo para que, por medio de lo que esta *Historia* apercibe y avisa, sepan los venideros conquistadores de este reino gobernarse y aprovecharse algo de ella, teniendo especificada noticia de lo pasado. Por lo que el uno y el otro fue mi principal motivo y celo en tomar la pluma para este trabajo, en que se contienen cinco libros distintos, narrando en el principio de cada uno su argumento y sustancia de lo que contiene en suma, donde el lector curioso lo podrá ver por entero, excusando de anticiparlo aquí todo.

La cual *Historia* debe ser bien recibida y estimada por tratar, como trata, de todo lo pasado, próspero y adverso, de guerra que en el dicho y reino de Tremecén y en los demás de Berbería ha pasado, para que sus conquistadores venideros, escarmentando en cabeza ajena, se aprovechen de lo bueno y huyan de lo mal guiado. La cual prosecución de sucesos del tercero, cuarto y quinto libros se narran sucesivamente por sus anales. En que no se podrán traer ni mostrar todos los sucesos y menudencias de guerra que han pasado porque fuera mucho cansancio y nunca acabar querer comprenderlo y abarcarlo todo, así presas de cabalgadas que se hicieron con poca gente como otras escarapelas y pendencias particulares con moros y turcos, no hallándose en ellas los capitanes generales, y otras semejantes minutas por mar y tierra que no hay necesidad de referirlas con lo demás caudaloso.

En que pido y suplico al prudente lector supla las faltas de mi estilo y lenguaje en consideración de que soy nacido en las montañas de Asturias de Oviedo, criado guardando ganado entre hayas y robles. Y trasladándome de allí en la Andalucía tres años y treinta en Orán, como he dicho en el prece[de]nte capítulo, ayudándome solamente de mi natural ingenio y estudio de otras muchas varias historias que siempre leía en el poco tiempo que me sobra[ba] del ordinario ejercicio de las armas, que allí nunca falta. Y así quise muchas veces dejar de continuar esta

Historia, así por mi grande pobreza y poco lugar que tenía para escribir, como porque estuve dos veces a pique de la muerte en Orán, de adonde saqué sus borradores, como queda referido. Y con la referida poca ayuda de mi talento, la continué poco a poco en tiempo de [blanco] años.

Por tanto, vuelvo de nuevo a replicar y suplicar al discreto lector que, sintiendo algún murmurante de mi lenguaje y estilo, me defienda diciendo que con la lanza, pica y arcabuz en las manos nunca se escribió con la pluma bien cortada, ni perfecto y elegante estilo. Y todos reciban de mí el deseo que llevo de agradarles y complacerles, que es tan grande cuanto quedo corto en saberlo hacer, y tengan paciencia para llevar con ella el peso de su prolijidad y leyenda, que si van con pasión les parecerá larga, en que han de considerar lo debe ser de fuerza, *abarca nolique abarca*.

De la buena averiguación de esta *Historia*, diligencias que para su certinidad se hicieron en Orán, donde se comenzó a escribir. Capi. 3

«Cuando tomé la pluma en Orán para comenzar esta, su *Historia*, quise darle principio en el tiempo que se ganaron aquellas plazas y las de Bugía, que fueron las primeras que los españoles ocuparon en las marinas del reino de Tremecén. Aunque es verdad que antes de esto ya el duque de Medinasidonia, en el año de 1496, había ganado de los moros las fronteras de Melilla y Cazaza en lo más oriental de la costa y marinas del reino de Fez, treinta leguas a occidente de Orán. En que, más a poniente, y muchos años antes, ya los portugueses andaban victoriosos en la misma costa de África, reinos de Fez y Marruecos, donde habían ocupado a Ceuta, Arcila, Tánger, Alcazarseguir y otras fuerzas en la misma margen de aquel mar y reino de Berbería. Y por haber sido este de Tremecén antes, antiguamente, todo de cristianos, aunque no del gremio de España si del Imperio romano y griego, como a su tiempo veremos. Por esta causa, me pareció más propiedad de la historia tomar más atrás sus raíces en el tiempo pasado, desde la profundidad de sus primeros pobladores, después del universal diluvio de Noé, con lo demás que se tiene noticia en el dicho reino sucedió entre sus naturales y otras naciones forasteras, hasta allegar con el hilo y discurso de la historia a nuestros tiempos de la presa de Mazalquivir, Orán y Bugía y señorío que España tuvo de Argel, con todo lo demás que pasó en este reino de Tremecén hasta el año de 1604.

En que, al tiempo cuando comencé a escribir esta *Historia* en Orán era, como es dicho, capitán general de aquellas plazas y reinos don Diego Fernández de Córdoba y de África, madadaurense [sic], por haber nacido en Madaura, que es la misma Orán, como en su mismo tiempo y lugar se dirá, que fue el tercero marqués de Comares y duque de Cardona en Cataluña por su Majestad. El cual, haciéndome merced de dar crédito a mi trabajo, viendo el estilo y prosecución de la *Historia* por la tabla de ella, que quiso ver lo que tomaba a cargo de aquellas plazas y reinos, me encargó que escribiese desapasionadamente, no dando ni quitando a nadie lo perteneciente en las cosas de nuestros tiempos en Orán y fuera de ella en las ocasiones de guerra y lo demás. Y que de lo que no había sido en mi tiempo y me había informado de personas ancianas, notase, asimismo, memoria de sus nombres, según citaba los autores de quien me favorecía en los demás dos libros, primero y segundo.

Las cuales ancianas personas del remanente de la primera guerra, presa de Orán, y lo demás, todos pasaban de noventa años el que menos al tiempo que yo fui a Orán a siete de abril del año 1577, en que había solamente sesenta y ocho que se había ganado aquella ciudad y setenta y uno Mazalquivir. Y así, los hombres que allí hallé de [no]venta años podían ser entonces de treinta y veinte y dos, hallándose en estas conquistas y demás sucesos del reino, de que [de] todo daban particular y cierta relación. La cual no solamente tomé de ellos cuando comencé a escribir esta *Historia*, si antes luego que entré en Orán, aunque no tenía intención de hacer tal libro, si que, aunque de poca edad, gustaba grandemente de oír a los tales viejos temblantes [sic] contar tales cosas de guerra. Y para oírles me asentaba con ellos en las resolanas de invierno y a las sombras del verano, preguntándoles y enterándome de lo que no entendía bien.

De que todo después adelante me nació intención y voluntad de hacer esta *Historia*, habiendo diez y seis años que estaba en Orán. En que la quise principiar desde la presa de ella y de Mazalquivir, como es dicho, por tiempo de solos cien años adelante de las cosas de nuestros tiempos. En que para su presa y todo lo demás me ayudé de lo que ya había oído a sus ganadores, que ya los más de ellos eran muertos al tiempo cuando la comencé en Orán, año de 1592, como es dicho en el anteprecedente capítulo.

Las cuales personas tan fidedignas como ancianas son sus nombres y oficios en la forma y tenor siguiente:

- Francisco de Medellín, de Montilla   1
- Pedro Sevillano, de El Pedroso de Cazalla   2

- Gonzalo de Oviedo, de Asturias — 3
- Luis Álvarez de Sotomayor, capitán — 4
- Jorge de Angulo, capitán de caballos — 5
- Antón de Villa Alba, de La Rambla — 6
- Benito Muñoz, alcaide de Lucena — 7
- Gil Hernández, capitán de caballos — 8
- Alonso Martínez, natural de Córdoba — 9
- Diego Díaz, boticario de Lisboa — 10
- Diego de Vargas, cura de Orán — 11
- El marqués don Martín de Córdoba — 12
- Don Diego Fernández de Córdoba, tercero marqués de Comares y duque de Cardona — 13
- Juan Pérez de Navarrete, alcaide de la fuerza de Mazalquivir, nacido allí — 14
- Rodrigo Alonso Piñero, de Asturias — 15
- Marcos Ortiz, de Íllora, adalid en Orán — 16
- Antón de Palma, de Olvera, adalid — 17
- Antonio Prieto, escribano de cabalgadas — 18
- Juan Muñoz Negrete, tesorero de ellas — 19
- Estaban Pérez de Mendiola, regidor — 20
- Juan de Alemán *el Viejo*, mercader — 21
- Juan de San Pedro *el Viejo*, de a caballo — 22
- Juan Toscano, artillero de Orán — 23
- Alonso Pizarro *el Viejo*, ingeniero — 24
- Luis Holguín, artillero de Orán — 25
- Pedro Ruiz, de Madrid, artillero — 26
- Su hermano, Juan Ruiz, alférez — 27
- Andrés de Peñafiel, teniente de la artillería — 28
- Juan del Castillo, de Sevilla, artillero — 29
- Alonso Gómez de Cabrera, de Lucena — 30
- Gaspar de Malaver, de a caballo — 31
- Gonzalo Méndez, de Córdoba, escribano — 32
- Andrés Bravo, de Lorca, artillero — 33
- Su hermano Alonso Bravo, artillero — 34
- Juan de Acosta *el Viejo*, capitán de infantería — 35

No solamente de las referidas personas me informé, si también de algunas mujeres muy más viejas que estos hombres, que me certificaron eran ya paridas y madres de hijos cuando Orán se ganó, y casadas en Mazalquivir. De que tenían y daban maravillosa memoria y justicia de muchas cosas de que los hombres no se acordaban tanto, hasta señalar el día y la hora de las cosas de guerra señaladas de la presa de Mazalquivir y Orán, y de más cosas del reino que después fueron sucediendo en ellas.

De que todo, finalmente, de las referidas y otras muchas personas me fui informando de las cosas pasadas de aquellas plazas y reinos desde el año de 1509 en que Orán se ganó de moros hasta domingo de Pascua de Resurrección de 1577, en que yo entré en Orán con otros más de mil hombres para fábricas y guerra. En que desde este día hasta miércoles, mismo siete de abril de 1604 que salí de Orán, que son 27 años justos los de mi milicia en aquellas plazas, en que no tuve necesidad de información de nadie por haberlo visto y manejado, como se verá en el discurso de aquellos años y fin de esta *Historia*. Lo cual yo iba escribiendo como iban las cosas sucediendo, solo por mi gusto de entretenimiento y curiosidad, y no con intención de hacer la historia propia, en que siempre [a]notaba la narración del suceso con el día, mes y año, y en muchos lugares la hora, y después que concebí en la voluntad de hacer historia propia de todo. En que, viendo solo lo de nuestro tiempo con alguna manera de puntualidad y estilo, lo junté y añadí con la narración antigua que después fui inquiriendo de las cosas pasadas antes de mi tiempo en Orán y su reino. Y a esta causa, desde el año 1577 adelante será el hilo de la historia, testificando con mi propia persona en lo que yo me hallé.

En lo que toca a la gente de guerra que quedó en Orán de guarda cuando se ganó de los moros, lo supe en ella de muchas vías y modos, y del libro del repartimiento de los bienes raíces, casas y huertas de aquella ciudad, y de otros privilegios y cédulas reales de mercedes, como a su tiempo se irán diciendo.

[Blanco]

Las mudanzas de los capitanes generales y gobernadores de aquellas plazas y reinos lo averigüé de las copias de sus reales provisiones y títulos que en las contadurías y veedurías de allí se guardan en sus libros de ordenanzas. Donde asimismo yo vi las libranzas de los gastos de las municiones de guerra y bastimentos que por los mismos generales se ordenaban y mandaban dar para las jornadas de consideración para Tremecén, Mostagán y otras partes de este reino, como en esta *Historia* se contienen, según inquirí y averigüé para más certificación de ella.

[Blanco]

En lo de las órdenes que se tienen en aquellas plazas en dar seguro a los moros que le piden, lo sé por haber escrito muchos de mi mano. Sabiendo el estilo de ellos, me lo pedían los secretarios de los generales, a quien ordinariamente allí toca y pertenece este cuidado y cargo de los seguros por los derechos que de ellos tienen. En que es de saber son los seguros que se dan de dos maneras diferentemente a los caballeros de los villanos, como a su tiempo y lugar se verá.

[Blanco]

Lo mismo el modo y forma de castigar a los moros enemigos que no quieren venir a Orán a pedir seguro y vienen a hacer daño [a] aquellas plazas, atajando las provisiones de ellas, que en propio nombre antiguo de la guerra ordinaria de España contra moros dicen cabalgada a tales presas. Sé muy bien cómo se hacen de varias vías y formas, por hallarme en tales ocasiones muy muchas veces en tiempo de acerca de treinta años. Para [lo] que no tuve necesidad de información de nadie de las partes y términos del reino do se hicieron las tales presas, y en qué linaje y parcialidades de moros, y cuántos se trajeron cada vez de ellos por esclavos y cristianos vinieron heridos y quedaron allá muertos. Y en las que fueron menester las manos y ánimos peleando o no a lo largo o cerca de Orán, a levante, poniente o mediodía, en tierra y lo mismo en la mar.

En lo que toca a las órdenes que en estas plazas se tiene[n] en la buena guarda y vigilancia de ellas, se irá asimismo mostrando en varios lugares de la prosecución y discurso de esta *Historia*, y más por entero y principalmente en fin de ella con otras muchas cosas que no se pueden sumariamente asomar aquí.

[Blanco]

La misma relación tuve de los gobernadores virreyes turcos que [ha] habido en Argel desde el año de 1515 en que la ocuparon los dos famosos corsarios, hermanos Horux y Hayradín Barbarrojas, hasta el de 1604 en que salí de Orán, como es dicho, enterándome de todo esto de muchos cristianos de varias naciones que ordinariamente se huyen de Argel a Orán por tierra y mar, como a su tiempo se irá mostrando en esta *Historia*. De los cuales que de esta manera se huyeron y vinieron en Orán me informé y supe muchas partes de los sacos y robos que los mismos turcos corsarios de Argel han hecho en el pueblo cristiano en mar y tierra de las costas de España e Italia, lo mismo en las islas del mar Mediterráneo y en las Canarias, a la entrada del espacioso Océano, han saqueado muchas veces.

Aunque es verdad que me fueron dadas a boca estas relaciones y noticia de sucesos de guerra acontecidos en el dicho reino de Tremecén entre cristianos e infelices moros y turcos, informándome de la manera como pasó cada suceso. Empero, pocos decían el tiempo del año, mes ni día en que había sido, cosa que me hacía grande falta por ser este el verdadero centro y ánima de una historia verdadera como esta, cuyos puntos le dan entero vigor y fuerza de crédito y gusto al lector. En que unos señalaban el año, otros el mes y no el año ni el día, otros el día y no el año ni el mes, en que todo me puso en grande confusión y cuidado para haber de concordar y averiguar estas dudas del tiempo fijo.

Para [lo] que, primeramente, procuré saber de las tales personas, soldados viejos que me daban estas relaciones de sucesos, quién o cuáles de ellos u otros vinieron heridos, por dónde hicieron testamentos antes de ir o viniendo de la jornada y ante qué notario los habían hecho, buscando en sus archivos los registros para saber la certinidad del día, mes y año por su ficha. Otros decían que se habían bautizado y casado tales personas en los días antes de salir, y viniendo de las tales jornadas o estando en ellas. Por cuyas cartas de dote y otras semejantes escrituras que ante notarios públicos se otorgaban, averigüé la verdad de estas dudas en Orán. Y en lo de sus privilegios y libertades, me consta de las mismas cédulas reales que en sus archivos se guardan en la iglesia del convento de San Francisco. Para [lo] que también tuve necesidad de ver los libros de ordenanzas del ayuntamiento de cabildo, lo cual todo vi y sustancié, juntamente de otras muchas particulares escrituras y papeles de capitanes antiguos y modernos en prevención de sus servicios y memorias de otras cosas.

En que tomé de todo lo que más me pareció conveniente para buena perfección de esta *Historia*, así en lo perteneciente a la certinidad del tiempo en que sucedieron las cosas como en la relación y forma que pasaron. En que con todo esto, en muchas cosas me hallé en gran confusión, no pudiendo averiguar en qué día de la semana fueron las tales cosas notables y señaladas, para cuya comprobación y ornato de la *Historia* me fue necesario hacer una tabla de las letras corrientes dominicales de todo el tiempo contenido en la *Historia*, segundo, tercero, cuarto y quinto libro de ella, incluido en trescientos años, desde principio de cuatrocientos hasta en fin de seiscientos y diez en que hace fin la presente *Historia*. En que, sabiendo y averiguando de esta manera, con tabla, las fechas corrientes dominicales, poder con certinidad señalar los días de la semana en que sucedió cada cosa, y por aquí sacaba el año, en sabiendo el día y el mes. Para que, asimismo, trabajé también de averiguar las fiestas movibles cómo corrieron en el dicho tiempo, especialmente por tiempo de doscientos años, de quinientos y seiscientos, por ser necesario para muchos lugares.

En lo tocante al valor y repartimiento de las presas de cabalgadas que la gente de Orán hicieron desde el año de 1560 hasta el 1609, que son los que con orden real allí se repartieron, lo averigüé y supe de los mismos libros de sus ventas y distribución de la moneda que cada presa montaba. En lo cual solamente hallé la certinidad del tiempo, día, mes y año en que se hizo cada presa, chica o grande, como eran. Solo [de] las que no se acertaban, que no eran menos arriscadas y trabajadas, no hallé noticia de su jornada y tiempo, y así no se dirán las que así se hicieren en vano, antes que yo fuese a Orán, solo las de mi tiempo, porque las fui [a]notando por mi gusto y entretenimiento, como es dicho, no con intención de hacer historia de ello.

Bibliografía

Obras de Diego Suárez

Avisos importantes para la Magestad del Rey nuestro Señor, a cerca de algunos peligros y otras cosas a que se debe acudir con tiempo, en las plaças de Oran y Maçaelquivir… Todo ello averiguado, entendido y ordenado por Diego Suarez Montoñes [sic], Asturiano, soldado antiguo y platico en aquellas plaças y Reinos, de treinta años de milicia en ellos, Alcalá de Henares: en casa de Iuan Gracian, [1607]. Se conserva en la Biblioteca de la Real Academia de la Historia, RAH, 9/7161, n.º 5, fols. 54r.-66v.

Tres romances de Asturias de Oviedo, que tratan el primero de la elección del rey don Pelayo. El segundo de una querella que las mismas Asturias proponen, porque llaman a sus hijos de villanos. El tercero de una carta de consuelo que el mismo Principado embia a Valladolid sobre la mudança de la Corte. Todo en su mismo estilo antiguo de habla, Alcalá de Henares: en casa de Iuan Gracian, en 1607, y que se conserva la Biblioteca Nacional de España, signatura R/4512 (5).

Historia del Maestre último que fue de Montesa y de su hermano Don Felipe de Borja la manera como gobernaron las memorables plazas de Orán y Mazaelquivir reinos de Tremecén y Ténez, en África, siendo allí capitanes generales, uno en pos de otro, como aquí se narra,… Dirigida a la ciudad de Valencia, I, compuesta por Diego Suárez, Madrid: Imprenta de Tello, 1889.

Historia del Maestre último que fue de Montesa y de su hermano Don Felipe de Borja, la manera como gobernaron las memorables plazas de Orán y Mazalquivir, reinos de Tremecén y Ténez, en África, siendo allí capitanes generales, uno en pos de otro, como aquí se narra, ed. de Miguel Á. de Bunes Ibarra y Beatriz Alonso Acero. Valencia: Institución Alfonso el Magnánimo, 2005.

Argel 1541: la campaña de Carlos V según Diego Suárez Montañés, Introducción, estudio y edición de Beatriz Alonso Acero, Madrid: Polifemo, 2018.

Fragments d'une Histoire d'Afrique, Archives Nationales D'Outre-Mer (ANOM), en Aix-en Provence, con la signatura Serie C. Archives Espagnoles (XVI-XIX s.) FR ANOM GGA CC-3, Mss 8594.

El ramillete oranés [poema], obra perdida.

Discurso de mi vida, obra perdida.

ESTUDIOS MODERNOS SOBRE DIEGO SUÁREZ

ALONSO ACERO, Beatriz. *Orán-Mazalquivir, 1589-1639: Una sociedad española en la frontera de Berbería*, Madrid: CSIC, 2000.

BERBRUGGER, Adrien. «Mers El Kebir et Oran de 1309 à 1608, d'après Diego Suarez Montañes», *Revue Africaine*, IX (1865) pp. 251-267, pp. 337-355, pp. 410-429 IX (1866), pp. 43-50, pp. 111-128, pp. 197-207; y XI (1867), pp. 72-81.

BUNES IBARRA, Miguel Ángel de. «Diego Suárez Montañes, cronista y testigo de la historia de Orán-Mazalquivir», *Orán. Historia de la Corte Chica*, Edición de Miguel Ángel de Bunes Ibarra y Beatriz Alonso Acero, Madrid: Polifemo, 2011, pp. 323-368.

CEREZO SOLES, Juan. «Un soldado Asturiano al servicio de la Corona. Apuntes de las obras de Diego Suárez Montañés», en *Libros de la Corte*, 2019-06 (18), pp. 8-32.

FE CANTO, Luis Fernando. «La población de Orán en el siglo XVIII y el fenómeno de la deserción. Las sombras dek discurso oficial», *Orán. Historia de la Corte Chica*, Edición de Miguel Ángel de Bunes Ibarra y Beatriz Alonso Acero, Madrid: Polifemo, 2011, pp. 369-398.

JACQUETON, Gilbert. *Les Archives Espagnoles du Gouvernement Genéral de l'Algerie. Histoire du Fonds et Inventaire*, Argel, 1894.

JACQUETON, Gilbert. «Los archivos españoles del Gobierno General de Argelia. Historia del fondo e inventario», en *Instituto General Franco para la Investigación Hispano-Árabe. Cuadernos de Trabajo*, n.º 3, Ceuta (1941), pp. 46-47.

La Veronne, Chantal de. *Oran et Tlemcen dans la premiere moitié du XVIe siècle,* París: P. Geuthner, 1983.

Martínez, Miguel. «La vida de los héroes: épica y autobiografía en el Mediterráneo Habsburgo», *Caliope; Journal of the Society for Renaissance and Baroque Hispanic Poetry,* 19/1 (2014), pp. 103-128.

Morel-Fatio, Alfred. «Soldats espagnols du XVIIe siècle: Alonso de Contreras, Miguel de Castro et Diego Suárez», *Bulletin Hispanique, 3/2 (1901), pp. 135-146.*

Morel-Fatio, Alfred, «Discurso verdadero de la naturaleça, peregrinación, vida y partes del autor de la presente historia», *Bulletin Hispanique, 3/2 (1901),* pp. 146-158.

Rascón García, Elisabet M. «La argumentación en los paratextos autoriales de las vidas de soldados» *Atalaya,* 2019 (19), pp. 1-42.

Sáez, Adrián J. «Una vida en el margen: la relación soldadesca de Suárez Montañés», en Eva María Flores Ruiz y Fernando Durán López (eds.) *Guerras de soledad, soldados e infamia: Representaciones de combatientes irregulares, clandestinos o mercenarios en la literatura española,* Palma de Mallorca: Genueve, 2018b, p. 41-56.

Sáez, Adrián J. *Relaciones. Diego Suárez Montañés, Manuel Suárez,* Anejo 9 a la revista *Etiopicas. Revista de letras renacentistas,* Huelva: Universidad de Huelva, 2021.

Schaub, Jean-Frederic. *Les juifs du roi d'Espagne. Oran, 1507-1669,* París: Hachette, 1999.

Turriano, Leonardo. *Descripción de las Plaças de Orán y Mazalquivir en materia de fortificar,* edición de Alicia Cámara, Rafael Morera, Mariano Viganó, en *Leonardo Turriano ingeniero del rey,* Madrid: Fundación Juanelo Turriano, 2010.

Índice

Primera edición: octubre de 2024

Todos los derechos reservados

© de los textos: Beatriz Alonso Acero y Miguel Ángel de Bunes, 2024
© de «La memoria de Suárez Corvín», Vanessa Gutiérrez
© del prólogo, Manuel Ángel Álvarez
© edita: Conseyería de Cultura, Política Llingüística y Deporte; Ayuntamiento de Mieres
y Asociación de Vecinos «Diego Suárez Corvín» de Urbiés

Gestión editorial: Ediciones Trabe S. L.
C/ Fernando Alonso, 17 - bajo derecha - 33009, Oviedo
Tfnos.: 985 208 206 / 684 626 445
ediciones@trabe.org
www.trabe.org

Diseño y maquetación: Samuel Castro
Al cuidado de la edición: Esther Prieto

Impreso en Asturias

Depósito legal: As-01812-2024
ISBN: 978-84-10345-17-1